JN441174

# 중앙아시아 초원문명의 오늘

-문명융합,정치사회,국제관계,미래전망-

박상남 지음

다해

중앙아시아 초원문명의 오늘

- 문명융합·정치사회·국제관계·미래전망 -

1쇄 인쇄 2022년 11월 25일
1쇄 발행 2022년 11월 30일

저 자 박상남
발 행 처 다해
등록번호 제 301-2011-069
등록일자 2011. 4. 26

서울특별시 중구 초동 42 아시아미디어타워 703호
대표전화 : 02-2266-9247

정가 : 20,000원

ISBN 979-11-5556-250-5 93330

# 중앙아시아 초원문명의 오늘

## - 문명융합·정치사회·국제관계·미래전망 -

박상남

# 목차

# 집필방향과 내용구성

## 집필방향

이 책의 집필 방향은 크게 2가지이다. 첫째, 독자들이 종합적인 맥락에서 중앙아를 쉽게 이해하도록 돕는 것이다. 이를 위해 중앙아를 전체적으로 이해할 수 있도록 특정분야에 한정된 주제보다는 다양한 내용을 다루었다. 이 책은 과거 초원 문명의 역할과 의미, 유목사회와 한민족의 오랜 문명교류, 현대 중앙아 5개국의 정치, 사회, 종교, 국제관계, 한인(고려인), 한-중앙아 관계, 미래전망 등을 포괄적으로 다루고 있다. 이를 통해 독자들이 중앙아에 대한 전반적인 흐름을 파악하고 한민족과의 연관성도 이해할 수 있게 되길 기대한다.

둘째, 중앙아 초원문명의 전통이 과거의 일만이 아니라 현대 중앙아의 정치, 사회, 문화, 국제관계에 밀접한 영향을 주고 있음을 설명하고자 하였다. 특히 다양한 민족과 문화가  공존했던 초원의 '유라시아 다문명사회'가 차별과 갈등이 양산되는 현대사회에 주는 시사점에 주목하였다.

이 책이 초원 문명의 과거는 물론 현재 중앙아 5개국 정치와 사회문화 전반에 대한 맥락을 파악하는데 도움이 되길 바란다.

또한 국제질서의 모든 요소가 응축된 중앙아를 통해 국제사회의 변화추이를 가늠해 볼 수 있기를 기대한다. 아울러 한민족이 초원문명과 깊은 유대를 가져왔다는 사실을 기억하고 미래 비전을 함께 그려보는 것도 생각해 보았으면 한다.

### 책에서 다룰 주요주제

이 책은 중앙아 5개국을 개별국가보다는 전체로 통합해서 다루고 있다. 중앙아 초원은 오랜 역사 동안 하나였고, 1991년 5개국으로 분리 독립하였지만 여전히 공통점이 많기 때문이다. 또한 개별국가로 나누어서 설명할 경우 서로 중복되는 점이 많아 오히려 독자들에게 혼란을 줄 수도 있다는 점을 고려하였다. 물론 중앙아 5개국마다 권위주의 정도, 정치·경제·사회적 여건, 이슬람의 영향, 대외정책 등에서 차이가 있는 것도 사실이다. 이런 점은 통합적 설명 속에 개별국가들의 차이를 언급하는 방식으로 서술하였다.

이 책은 크게 5부로 내용을 구성하였다. 1부에서는 중앙아 초원이 인류 문명사에 어떤 역할을 하였으며 그 의미는 무엇인가? 또한 다양한 민족과 문화가 공존했던 초원에서 '유라시아 다문명 사회'가 형성될 수 있었던 배경은 무엇인가?, 중앙아 초원문명과 한반도는 어떤 연계성을 통해 생활문화공동체를 형성하게 되었는가? 에 대해 설명해 보았다. 기록을 남기지 않았던 초원 문명에 대한 연구는 아직 미완성이며 보는 관점에 따라 다양한 해석이 있을 수 있다. 이 책에서는 기존의 고고학, 역사학이 남긴 연구성과들에 의지하여 초원 문명이 갖는 의미를 생각해 보았다. 과거 초원문명의 유산은 현대 중앙아 사회에도 많은 영향을 주고 있다.

2부에서는 유목사회 전통과 대통령제, 자본주의 등 서구적 요소가 결합된 중앙아 5개국의 국내정치, 사회가 어떠한 특징을 가지고 작동하는지?, 또한 초원의 전통신앙과 융합된 중앙아 이슬람의 특징과 주민들에 대한 영향은 무엇인지? 에 대해 설명하였다.

3부에서는 중앙아 5개국을 둘러싼 국제환경이 어떻게 전개되고 있는지? 탈 세계화와 우크라이나 전쟁 이후 국제관계는 어떻게 전개될 것인지? 특히 미·중·러 세력경쟁의 전개 양상과 각국의 중앙아 전략이 무엇인지?, 중앙아 국가들이 주변 강대국들에 예속되지 않고 독자적인 발전을 할 수 있을지? 에 대해 가늠해 보았다.

4부에서는 한-중앙아 역사를 이어주는 한인(고려인)들의 정착 과정에서 우리가 기억해야 할 것은 무엇인지? 아울러 수교 이후 한·중앙아 관계를 평가하고 미래 협력방안을 제안해 보았다.

마지막으로 5부는 중앙아 국가들이 당면한 과제는 무엇이며 미래전망은 어떠한가? 에 대해 설명했다.

### 용어 개념

'중앙아시아'는 넓은 의미에서 유라시아 대륙 중앙부를 가로지르는 광활한 초원지대를 의미한다. 구체적으로 동아시아 만주-몽골초원-중앙아-시베리아 남부평원-러시아의 흑해-헝가리평원을 아우르는 드넓은 초원지대를 말한다. 반면 좁은 의미에서 '중앙아시아'는 1991년 소련붕괴 이후 독립한 카자흐스탄, 우즈베키스탄, 투르크메니스탄, 키르기스스탄, 타지키스탄 등 5개국을 지칭한다. 현재의 중앙아 5개국 경계는 1920년대 소련 정부에 의해 만들어진 것이다. 이 책에서 중앙아시아는 두 가지 의미를 모두 포함하지만 사용하는 문맥에 따라 의미가 구분되도록 하였다. 또한 다양한 민족과 문화가 공존하며 융합되었던 중앙아 초원의 세계를 '유라시아 다문명사회'로 지칭하였다.

중앙아는 언어적으로 크게 두 갈래인데, 하나는 한국과 같은 알타이어 계통으로 우즈베크어, 위구르어, 카자흐어, 키르기스어, 투르크멘어 등이 이에 속한다. 두 번째 갈래는 인도·유럽·이란어 계통으로 타지크어가 이에 해당된다.[1] 같은 계통의 언어들은 유사성이 많아 의사소통이 가능할 정도이다.

### 감사의 말씀

부족한 이 책이 앞선 연구들에 누가 되지 않기를 바란다. 특히 중앙아에 대한 종합적인 윤곽을 잡고자 하는 독자들에게 도움이 되었으면 한다. 코로나 19, 전쟁, 갈등으로 지구촌의 많은 분들이 희생되고 있다. 고통받는 모든 분들께 위로와 연대감을 보낸다. 또한 살아오면서 만나고 정을 나누었던 소중한 모든 분들께 고마움을 전한다. 필자와 인연이 있는 모든 제자들이 자신을 사랑해주기를 소망한다. 이 책이 나오기까지 도와준 EFLA 소속 청년 리더들, 김소연, 이은진 학생과 다해 출판사, 관계자 여러분께 감사의 말씀을 전한다. 끝으로 2년여의 시간 동안 책 작업에 집중하느라 제대로 돌보지 못한 부모님, 가족, 준하, 준영에게 미안한 마음을 전한다.

1) 피터 B. 골든 저, 이주엽 역, 『중앙아시아사: 볼가 강에서 몽골까지』(서울: 책과 함께, 2021) pp.21-23.

# 프롤로그:
## '유라시아 다문명사회'의 역할과 의미

### '유라시아 다문명사회'가 우리에게 주는 의미

유라시아 대륙을 가로지르는 광대한 중앙아 초원지대는 일찍이 다양한 민족과 문화가 만나 융합, 재창조되는 역동적인 공간이었다. 때문에 기원전부터 중앙아 초원에는 거대한 다문화, 다문명사회가 형성될 수 있었다. 그 결과 알타이, 스키타이, 청동기, 황금문화 등 수많은 문화가 초원에서 탄생하거나 발전하였고 다른 지역에 전파되면서 인류문명 발전을 자극했다. 흑해-중앙아-시베리아-몽골-한반도로 이어지는 초원지대를 따라 발굴되는 고고학적 유물들은 중앙아 초원의 문명사적 역할과 의미를 잘 보여주고 있다.

중앙아 초원의 유목민과 실크로드 교역상이 인류문명사에 기여한 두 가지 역할은 첫 번째는 여러 민족, 지역, 문화를 연결하고 수용하면서 공존하였다는 점이다. 두 번째는 받아들인 다양한 요소들을 융합하고 창조하였다는 점이다. 이것이 가능했던 이유는 서로 다른 것을 배척하지 않고 수용했던 초원의 개방적이고 유연한 사고방식 때문이었다. 이로 인해 초원에는 다양한 민족,

지역, 문화가 연결되고 공존하며 융합, 재창조되는 '유라시아 다문명사회'가 탄생할 수 있었다. 유라시아 대륙을 횡단하는 광대한 초원은 다양한 지역과 문화를 접촉하고 빠르게 전파할 수 있는 지리적 연결고리가 되어주었다.

초원이 유라시아 대륙의 다양성을 연결, 공유하면서 인류는 서로에 대한 정보와 문화를 나누는 소통의 시대로 접어들 수 있었다. 또한 초원에서 서로 다른 민족과 문화가 모여 융합, 재창조되면서 수많은 발명품이 탄생하게 되었다. 초원문명의 이러한 역할로 인류는 이민족에 대한 무지와 두려움에서 벗어나 서로에 대한 연결성을 강화할 수 있었다. 이후 인류는 청동기, 철기, 장신구에서 사상과 종교에 이르기까지 다양한 요소를 공유하는 문명공동체로 연결될 수 있었다. 초원은 상품뿐만 아니라 다양한 사상과 종교도 편견 없이 받아들이고 전파하는 열려있는 공간이었다. 이 책에서는 이러한 초원의 세계를 '유라시아 다문명사회'라고 부르기로 하였다.

유목민과 함께 초원 문명의 또 다른 주역이었던 중앙아 소그드인들의 역할도 '유라시아 다문명사회' 탄생에 기여했다. 소그드인들은 유목민들의 보호를 받으며 실크로드 국제교역을 주도했다. 그들은 뛰어난 외교적 감각으로 상품뿐만 아니라 이민족의 대중문화, 종교, 사상까지도 수용해서 공부하면서 이를 다른 지역에 전해주기도 하였다. 기독교와 불교를 동양에 알려준 초창기 선교사들도 바로 이들이었다. 유럽을 전쟁과 폭력으로 물들였던 종교와 생각의 차이를 소그드인들은 오히려 평화와 사교의 연결고리로 활용할 줄 알았다. 소그드인들에게 이방인의 종교는 배척의 대상이 아니라 호기심과 탐구의 대상이었다. 이들은 조로아스터교, 불교, 기독교의 경전을 번역하였고 이를 널리 전파했다. 소

3그드인들은 상대의 문화와 종교를 존중해야 친구가 될 수 있다는 점을 이해하는 친화적인 사람들이었다. 만약 이러한 '유라시아 다문명사회'의 역할이 없었다면 인류문명은 더 오랜 기간 고립과 정체의 시기에 머물러 있었을 것이다.

## 중앙아 5개국의 정치와 사회

중앙아 초원문명의 영향은 과거로 그친 일이 아니며 현재도 중앙아 사회를 움직이는 전통이자 정체성으로 살아 숨 쉬고 있다. 현대 중앙아 5개국의 정치, 사회, 문화 전반에 걸쳐 초원문명의 전통과 관습은 여전히 많은 영향을 미치고 있다.

16세기 해양을 통한 교역이 활성화되자 중앙아 초원이 담당하던 육로교역은 쇠퇴하기 시작했다. 19세기에는 열강들의 분할지배에 들어가며 열려있던 초원은 여러 국가의 국경으로 갈라지게 되었다. 더욱이 20세기 중반 냉전 시기에 접어들자, 진영 간 이념대립과 단절로 유라시아 대륙은 얼어붙은 땅이 되고 말았다. 그리고 초원의 '유라시아 다문명사회'도 여러 국가로 분리되어 오늘에 이르고 있다.

1991년 영원할 것만 같았던 소련제국은 스스로 붕괴하고 말았다. 소련 소멸과 함께 독립한 중앙아 5개국은 사회주의에서 자본주의로 이행하면서 혼란을 겪었지만, 점차 독립 국가로서 입지를 다져가고 있다. 현재 중앙아는 건설되고 있는 유라시아 물류 인프라의 중심지로 부상하고 있다. 유목민과 소그드인들은 사라졌지만, 초원에 세워진 현대 도시들과 이를 이어주는 철도와 도로가 그 역할을 대신하고 있다.

독립한 중앙아 5개국의 정치, 사회, 문화, 종교 곳곳에서 과거 초원의 개방성과 문명융합의 전통은 계속되고 있다. 현재 대부분의 중앙아 정권들이 선조들의 전통을 자신들의 권력 강화에 사용하면서 심각한 부작용이 나타나기도 한다. 이들은 세계에서 가장 강력한 권위주의 체제를 구축했고 심각한 빈부격차와 부패 문제에 직면하고 있다. 현재 중앙아 신생독립국들은 초원의 전통과 근대적 요소를 결합하여 자신들의 정치, 사회문화를 만들어가고 있다. 중앙아 대통령들은 유목시대 부족장의 가부장적 리더십, 이슬람 신앙에 대한 주민들의 복종심, 소련 전체주의 통치유산에 서구의 대통령제와 자본주의를 결합하여 왕정국가에 가까운 권위주의 체제를 구축하고 있다. 그들은 수시로 헌법을 바꿔 집권을 연장하고 퇴임 이후에도 권력을 자식과 측근에게 세습하고 있다. 그동안 순종적이었던 중앙아 주민들이 부패와 빈부격차에 대해 불만의 목소리를 내기도 한다. 특히 다수를 차지하는 젊은 세대들은 부모 세대와는 다르게 정부정책에 대한 불만 표시에 보다 적극적이다. 세대교체가 중앙아 사회에 어떠한 변화를 몰고 올지 주목된다.

과거 유목사회에서 씨족, 부족, 지역에 대한 주민들의 충성심은 이제 권력을 둘러싼 엘리트들의 파벌 경쟁에 활용되고 있다. 대통령을 배출한 씨족이나 지역파벌이 국가의 부와 권력을 독점하는 불평등이 심각하다. 물론 이는 국가건설 과정에서 나타나는 과도기적 부작용일 수도 있다. 그러나 현재 중앙아 국가들의 모습은 과거의 전통을 권력의 편의에 따라 사용하고 있다.

다행스러운 점은 중앙아 국가들이 사상이나 이념에 있어 비교적 열려있다는 점이다. 중앙아 정권들은 권위주의 체제를 구축했으면서도 한편으론 민주주의를 지향한다고 말하며 변화를 모색하고 있다. 카자흐스탄과 우즈베키스탄 정부는 주민의 자유를 확대하고 사회보장제도를 강화하며 정치개혁을 위한 조치들을 발표하고 있다. 특히 카자흐스탄은 전임 대통령의 초헌법적 특권을 폐지하고 현 대통령의 임기를 7년 단임으로 제한하는 헌법 개정을 단행했다. 우즈베키스탄 미르지요예프도 '강한 시민 사회 건설'을 위해 사법제도 개혁, 부패방지와 관료주의 청산, 종교자유 강화, 지역 또는 민족 간 화합 등을 민주주의 목표로 제시하고 있다. 이는 전임자에 비해 진일보한 정책이다. 그는 개방경제정책과 제조업 강화 등을 통해 2030년까지 GDP를 2배 향상시키겠다고 다짐하고 있다. 이러한 두 나라의 조치는 자신들의 체제만이 유일한 선이라고 강조하며 권위주의 통치를 강화하는 러시아나 중국 등 주변 강대국에 비해 비교적 유연한 모습이다. 중앙아시아 국가들의 21세기 문명융합과 정치, 사회실험은 성공할 수 있을까?

### 종교와 사회

7세기 중앙아에 전파된 이슬람은 유목사회의 전통신앙과 융합되면서 지역적 특색이 가미된 종교가 되었다. 중앙아 이슬람은 엄격한 율법과 규율을 강조하기보다는 명상과 신앙적 실천, 수행을 중시하는 상대적으로 자유로운 성격을 가진다. 또한 초원의 이슬람은 관용과 포용적 성격이 강해 유목세계를 하나로 묶어주는 역할을 해 왔다. 이슬람이 전파되면서 초원의 유목문명의 전통과 융합되면서 강화된 특성들이다. 이러한 중앙아 이슬람은 현재도 주민들의 생활과 정치영역에 지대한 영향을 미치고 있다.

중앙아 권력자들은 주민들을 정권에 순종하도록 하는 데 이슬람 신앙을 적극 활용하기도 한다. 그러나 한편으론 이슬람이 정치에 개입하는 것을 막기 위해 철저히 감시하고 탄압한다. 주민에게 영향력이 큰 이슬람이 언제든 자신들의 최대 정적이 될 수 있기 때문이다. 그래서 중앙아 정권들에게 이슬람은 동전의 양면과 같은 존재이다.

### 국제관계 변화와 중앙아의 역할

미·중대결 격화와 우크라이나 전쟁으로 세계화 시대가 막을 내리고 과거 냉전 시기처럼 지구촌이 양분되어 대결할 것이라는 전망이 있다. 그러나 이는 표면적으로 나타나는 갈등에 치우친 판단이다. 미국과 중국의 교역은 여전히 활발하고 러시아 역시 서방과의 관계가 회복되어야 국가발전을 기약할 수 있다. 또한 세계화 시대를 거치면서 국제사회의 상호의존성이 강화되어 협력해야할 분야가 여전히 많다. 이를 과거 냉전 시기로 되돌리는 것은 비싼 비용을 치러야 할 뿐더러 미국을 비롯한 어느 국가도 단절을 원하지 않고 있다. 다만 첨단기술이나 안보, 금융패권을 둘러싼 경쟁과 갈등은 장기간 지속될 전망이다. 따라서 이 책에서는 미래 국제질서를 '신냉전'보다는 치열한 경쟁과 협력이 동시에 진행되는 '선택적 협력시대'가 될 것이라고 예상했다.

사안마다 협력과 경쟁을 선택해야 하는 시대는 중앙아 국가들에게 도전이 될 수 있다. 더욱이 미·중 경쟁과 우크라이나 전쟁으로 중앙아 대외환경도 긴장이 고조되고 있다. 소련제국을 복원하겠다는 러시아, 일대일로를 통해 다시 현대판 서역 정벌을 진행 중인 중국, 중앙아를 완충지대로 만들어 중·러를 견제하려는 미국의 전략이 중앙아 5개국에서 전개되고 있다. 특히 러시아, 중국은 중앙아 권위주의 정권들을 보호하면서 반대급부로 이들이 자신들의 영향권에 예속되기를 바라고 있다. 중앙아 5개국이 이러한 국내외적 과제를 극복하고 독립을 유지하며 발전할 수 있을지는 국제사회의 주요 관심사다. 만약 중앙아 국가들이 자율성을 가지고 연결의 매개체가 된다면 유라시아 대륙의 교류도 활성화될 것이다.

다행스럽게도 현재 중앙아 국가들은 지금까지 주변 강대국을 상대로 능숙한 등거리 외교를 통해 정책적 독립성을 강화하고 있다. 우크라이나 전쟁과 관련하여 카자흐스탄과 우즈베키스탄은 러시아를 향해 주권과 영토 보전, 국경 불가침 등 유엔헌장과 국제조약 의무준수를 강조한다. 여기에는 언제든 제 2의 우크라이나가 될 수 있는 중앙아 국가들의 안보적 우려가 담겨있다. 토카예프는 2022년 6월 푸틴을 만나 러시아의 우크라이나 동부 영토 병합을 인정하지 않는다는 입장을 밝혔다. 그는 친 러시아노선을 걷고 있지만 무력을 통한 주권과 영토침공에 대해서는 반대 입장을 분명히 한 것이다. 그렇다고 미국과 서방국가들이 주도하는 대 러시아 경제제재와 유엔의 러시아 규탄결의안에 참여하는 것도 아니다. 카자흐스탄은 2022년 10월 유엔총회에서 193개 회원국의 참여와 143개국의 찬성으로 통과한 러시아 규탄 결의안에 '기권'했다. 우즈베키스탄 역시 내정간섭 금지, 평화적 방법에 의한 문제해결, 다양한 외국파트너와 실질협력 강화 등을 표방하고 있다. 우즈베키스탄은 러시아의 카자흐스탄 시위진압 개입과 우크라이나 침공에 대해서도 분명한 우려를 표명하고 있다.

이처럼 카자흐스탄, 우즈베키스탄 등 중앙아 국가들은 러시아와 우호적인 관계를 구축하면서도 한편으론 외부의 간섭이나 압력에는 단호히 거부하는 행보를 보일 것으로 전망된다. 이를 위한 지렛대로 중국, 투르키예, 미국, EU, 한국 등 다양한 파트너들과 정치, 경제협력을 강화하려 할 것이다. 힘이 아닌 유연한 친화성으로 누구와도 소통했던 옛 실크로드 교역상들의 후예다운 모습이 드러나는 대목이다.

### 중앙아의 미래

다가올 중앙아 5개국의 미래는 현재 직면한 내부 모순과 대외적 위협을 어떻게 극복할 것인가에 달려있다. 무엇보다도 중앙아 주민들의 창의성과 역동성을 되살려 새로운 일자리를 만들고 삶의 환경을 개선하는 것이 급선무다. 이를 위해 사회적 불평등과 소수에 의한 권력독점을 개선하여 보다 민주적이고 유연한 사회를 만들 필요가 있다. 주민들의 능동적인 생명력이 살아나지 않고서는 국가 경쟁력을 강화할 수 없기 때문이다. 결국 내부 혁신을 통해 주민들이 자유롭게 새로운 비즈니스와 창조적 활동에 도전할 수 있을 때 중앙아 5개국의 발전도 가능할 것이다. 또한 강대국에 예속되지 않고 자율성을 유지하며 발전하려면 불확실성이 커지고 있는 국제환경에도 잘 대응해야 한다. 중앙아 국가들이 대내외 당면과제를 극복하려면 유연하고 개방적인 생각이 탄생시킨 '유라시아 다문명사회'가 주는 교훈을 되돌아 볼 필요가 있다.

### 한국과 중앙아의 오랜 문명교류 역사를 복원해야

한반도와 중앙아 초원은 알타이 문명에서부터 밀접하게 연결되어 서로의 생활문화에 깊은 영향을 주었다. 수천 년 동안 우리 민족은 '유라시아 다문명사회'와 끊임없이 소통해왔다. 중앙아 초원은 한민족의 문명적 기원이자 외부와 교류하는 주요 통로 중 하나였다. 한반도와 주변 지역에서 출토되는 청동 검, 황금문화, 벽화 등 많은 유물과 전해오는 풍습은 '유라시아 다문명사회'와 한국의 고대사회가 문화적으로 가까운 이웃이었음을 말해주고 있다. 오늘날 초원과의 협력루트를 복원하는 것은 문명사적 의미뿐만 아니라 한국 외교와 경제협력의 다원화를 위해서도 중요하다.

한국이 미국과 중국 시장 의존도를 줄이고, 협력대상과 시장을 넓히는 방법이 대외적 위험 요소를 줄이는데 효과적이기 때문이다. 과거 역사를 살펴봐도 북방 초원 문명과 교류를 활발히 했던 고조선, 고구려가 가장 전성기를 구가했다. 반면 초원을 멸시하며 유교만을 바라보았던 조선 후기의 세계관과 활동 영역은 매우 협소해지고 말았다.

중앙아 한인(고려인)들이 고난의 이주역사를 극복하고 생명력이 강한 소수민족으로 현지에 뿌리를 내리고 있다. 이들에대한 관심과 배려는 모국의 당연한 책무이다. 특히 이들이 한국에서 외국인이 아니라 동포로 대우받도록 비자 제도 개선이 시급하다. 한, 중앙아 관계 발전을 위해 좀 더 내실 있고 실행력 있는 정부 차원의 전략과 정책이 요구되고 있다. 민간교류를 활성화를 지원하기 위한 제도와 금융 지원시스템 구축이 필요하다. 규모가 작은 민간 기업들이 중앙아의 제도, 문화장벽, 재정적 부담을 극복하기 어렵기 때문이다. 더 나아가 수천 년 동안 이어져 온 한국과 중앙아의 안정적이고 지속적인 협력시스템 구축이 필요하다. 자기중심적 이익에 몰두하는 강대국들의 능력과 세계관으로는 현재 직면한 국제문제를 풀기 어려워 보인다. 때문에 패권 야심이 없는 안전한 중견국들이 평화와 치유의 국제사회를 만들기 위해 나설 필요가 있다. 한국과 중앙아가 이러한 비전을 제안하고 선도할 딱 좋은 지리적, 문명적 위치에 있다.

# 1부

# 초원문명이 만든 다양성의 세계

1부에서는 중앙아 초원이 인류 문명사에 어떤 역할을 하였으며 그 의미는 무엇인가? 또한 다양한 민족과 문화가 공존했던 초원에서 '유라시아 다문명사회'가 형성될 수 있었던 배경은 무엇인가?, 중앙아 초원문명과 한반도는 어떤 연계성을 통해 생활문화공동체를 형성하게 되었는가? 에 대해 설명할 것이다.

중앙아 초원은 개방적인 지리적 조건과 유연한 생각을 가지고 있었기 때문에 다양한 민족과 문화를 포용할 수 있었다. 또한 그들은 서로 다른 이질적인 요소들을 융합하여 새로운 문화를 만들어 내고 전파하였다. 이것이 다양한 민족과 문화, 종교와 사상이 공존했던 '유라시아 다문명사회'를 탄생시킨 초원의 힘이었다. 특히 수천 년을 이어온 한국과 중앙아 초원의 문명교류과정은 문화가 어떻게 융합되고 전파되면서 양 지역에 영향을 주었는지를 보여주고 있다. 한반도와 중앙아 초원의 소통은 알타이, 스키타이 문명에서 시작하여 고조선, 고구려, 삼국시대와 신라, 발해, 고려, 조선 초기 과학기술, 한인(고려인), 현대에까지 이어지고 있다.

지도1. 넓은 의미의 중앙아시아 초원지대(이현지 그림)

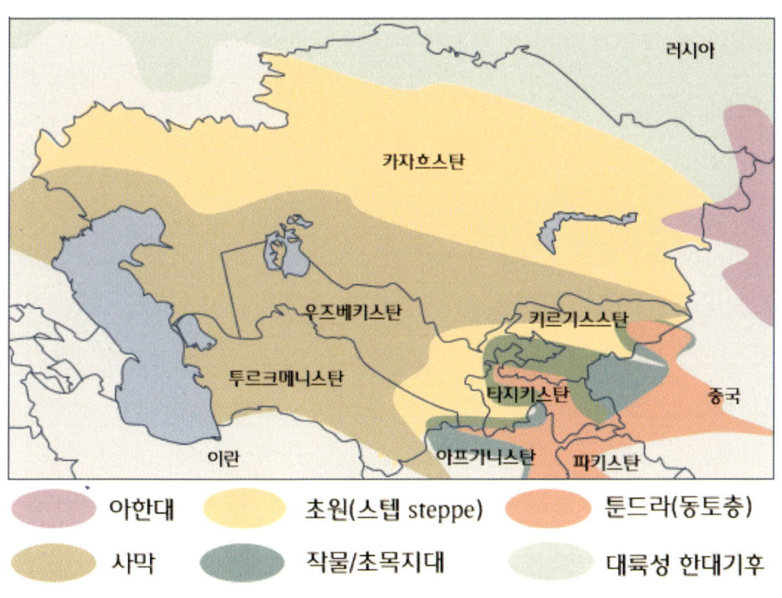


지도2. 좁은 의미의 중앙아시아 5개국과 기후분포도(이현지 그림)

# I. 유목사회의 개방성, 유연성이 만든 연결, 융합, 창조

## 1. '유라시아 다문명사회'의 탄생

### 유목민에 대한 지독하고 오래된 편견

세상에 수많은 편견과 왜곡 중에 하나가 유목민에 대한 잘못된 지식이다. 기록을 남기지 못했던 유목민의 역사는 대부분 정착민에 의해 약탈과 전쟁을 일삼는 야만인으로 묘사되었다. 특히 중국과 유럽의 역사는 유목민을 문화적으로 뒤떨어진 미개하고 원시적이며 잔인한 사람들로 묘사하고 있지만 이는 매우 객관적이지 못한 시각이다.[1] 중국은 유목민을 오랑캐라고 부르며 만리장성까지 쌓고 멸시하였다. 그러나 중국은 오랜 기간 금, 원, 청 등 유목민이 세운 국가의 지배를 받을 수밖에 없었다. 또한 중국과 유럽은 유목민이 전해준 문화, 종교 등 다양한 문명적 혜택을 받았다.

유목민들은 정착민과는 다른 사고방식과 생활조건을 가지고 수많은 문명을 창조, 전파하며 인류문명발전을 선도했다. 그들은 세련된 국제문화를 형성했고 뛰어난 기술을 가지고 있었다. 그들은 다양한 문화적 요소를 융합해서 새로운 것으로 발명해 낼 만큼 창의적이었다. 실크로드 상인들은 그리스의 조형예술을 수용해서 자신들의 세공기술을 결합해 정교한 금 장신구를 만들어 사용하는 세련된 문화를 누리고 있었다. 또한 그들은 당시 최고의 상품들이었던 중국의 비단, 페르시아 카펫, 로마의 유리 가공기술을 조합해서 자신들의 독특한 상품을 생산하고 있었다. 초원에서 발명된 수많은 문물들은 인류문명 발전에 지대한 영향은 주었다.

유목민과 정착민은 기원전 10,000년 전부터 서로 협력을 통해 많은 이익을 얻는 상호 보완적, 의존적 관계였다. 유목민에 의한 약탈과 침략의 역사는 정착민의 끝없이 이어진 전쟁사에 비하면 일부분에 지나지 않는다. 유목민은 여러 문화를 수용해 자신들의 기술과 특성을 결합해 새로운 문화를 창조하였다. 또한 유목민은 민첩하게 이동하며 여러 민족과 지역의 정보와 문화를 모으고 전파하는 데 앞장섰다. 초원은 문화의 변방이 아니라 오히려 세계 모든 문명이 모이는 중심지였다. 실크로드 교역이 발달하면서 초원의 역할은 더욱 활성화 되었다.[2)]

### 개방성과 유연성이 탄생시킨 '유라시아 다문명사회'

초원의 유목민들은 정착민들에 비해 물리적, 문화적 경계와 배타성이 거의 없었다. 그들의 개방적이고 유연한 사고가 이러한 특성을 갖게 만들었던 것이다. 혹독한 초원의 자연환경과 삶의 조건이 그들이 이러한 성향을 갖게 만들었다. 과거 중앙아 유목민은 가축을 기르기 위해 물과 풀을 찾아 초원을 이동하며 생활을 하였다. 농사를 지을 수 없는 척박한 자연환경에서 이동 목축이 주요 생계 수단이었기 때문이다. 유목민들은 변화무쌍한 기후와 척박한 땅에서 고전분투하며 살았기 때문에 어릴 때부터 생존에 대한 고귀함과 감사하는 마음을 갖게 되었다.[3)]

우즈베키스탄의 시르다리야, 아무다리야 강 주변에서 정착 생활을 하던 오아시스 도시 상인들과 주변 농민들도 외부세계와 상업적 거래를 위해 끊임없이 교역로를 개척했다.[4)] 이들이 바로 실크로드 교역을 주도했던 소그드인들이다. 유목민의 목축 이동과 소그드인의 교역에 갈망이 경계 없는 개방된 초원의 질서를 만들었다. 중앙아 초원에는 땅의 경계뿐만이 아니라 민족, 인종, 문화, 종교의 경계선도 없었다. 다른 민족과 문화를 배척하지 않고 공존했던 유목민들의 생각과 태도 때문에 초원은 다양한 사람, 지식, 기술, 문화가 모이는 공간이 될 수 있었다.[5)]

이질적인 것의 만남은 서로에게 자극을 주어 새로운 창조로 이어졌다. 중앙아 초원의 유목문명은 4대문명 지역보다 1000년이나 앞서 청동 검을 만들었고 인류 최초로 전차, 기마술 등을 창조해 냈다.[6)] 인구학적으로도 중앙아 초원은 아시아, 페르시아, 유럽, 아랍, 투르크, 인도계 등 많은 민족과 인종들이 혼혈사회를 이루는 용광로와 같았다. 끊임없이 바뀌었던 초원의 주도권과 이민족의 침입, 유목 부족들의 대이동도 인종적, 문화적 결합을 가속화 했다. 대륙을 가로지르는 광대한 중앙아 초원은 다양한 문화와 민족이 만나고 소통하는 주요 통로이자 거대한 융합의 장소가 되었다. 알타이, 스키타이, 청동기, 황금문화 등 수많은 문화가 초원에서 탄생하거나 발전하였고 다른 지역에 전파되면서 문명발전을 자극했다. 흑해-중앙아-시베리아-몽골-한반도로 이어지는 지역에서 발굴되는 고고학적 유물들은 초원이 단순한 연결통로가 아니라 새로운 창조의 공간이었음을 말해주고 있다.

다양한 요소가 공존하며 융합, 재창조 되었던 초원의 세계를 이 책에서는 '유라시아 다문명사회'라고 정의하였다. '유라시아 다문명사회' 형성의 원동력은 바로 중앙아 초원의 개방성, 유연성 때문이었다. 또한 유라시아 대륙의 중앙부를 동서로 관통하며 여러 지역을 접촉하고 연결할 수 있었던 초원이라는 지리적 조건도 '유라시아 다문명사회'가 탄생할 수 있었던 배경 중에 하나였다. 초원이 만든 '유라시아 다문명사회'는 차별과 혐오가 넘쳐나는 현대사회를 살아가는 우리들에게 강렬한 영감을 주기에 충분하다.

### 이방인에 대한 무지와 공포에서 벗어나기

인류의 초기 교역은 이민족에 대한 무지와 공포심 때문에 약속된 장소에 교환할 물건만을 놓고 필요한 물건을 가져오는 비대면 물물교환 형태였다고 알려져 있다. 그만큼 인류는 자신들의 거주지 밖에 사는 이민족에 대한 정보가 없었기 때문에 서로를 두려워했다. 시간이 흐르자 교역은 점차 대면 교환으로 발전했고 사람들은 서서히 다른 지역과 이민족에 대해 알아가기 시작하면서 서로에 대한 공포심도 허물어 갈 수 있었다. 특히 초원지대를 빠르게 이동할 수 있었던 유목민들은 교류를 활성화 하는 촉매제 역할을 하였다. 훗날 실크로드 상인이 생겨나면서 국제교역은 더욱 발전하였다. 교역상들이 가지고 온 다른 지역의 상품과 문화는 이민족에 대한 이해와 지식을 급격하게 확장시켰다.[7)]

한반도와 중앙아 초원은 알타이 문명에서부터 밀접하게 연결되어 있었으며 서로의 생활문화에 깊은 영향을 주었다. 양 지역의 문명교류는 고조선, 부여, 고구려, 백제, 발해, 신라, 고려, 조선으로 이어져왔다. 특히 중앙아인들은 고구려, 발해 시기에도 한반도와 주변지역에 정착하며 우리의 생활문화에 영향을 주었다. 한반도와 인근지역에서 발견되거나 전해지는 벽화, 장신구, 의상, 음악, 민요, 석인상 등의 유물들은 중앙아 초원문명과 한민족의 밀접한 문명적 연관성을 보여주고 있다. 한반도와 주변지역에서 출토되는 청동 검, 황금문화, 벽화 등 많은 유물과 전해 내려오는 풍습들은 중앙아 초원과 한국의 고대사회가 문화적으로 가까운 이웃이었음을 말해주고 있다.

### 계승되는 초원의 공존방식

중앙아 초원의 개방성과 유연성은 현대에 와서도 계승되고 있다. 1937년 중앙아 지역으로 강제이주 당했던 초창기 한인들(고려인)은 땅에 대한 소유개념이 없었던 카자흐 주민들이 자신들을 이웃으로 받아주었기 때문에 초원을 개간하고 정착할 수 있었다는 기록을 남기고 있다. 또한 황량한 중앙아 사막에 버려진 자신들에게 숙소와 빵을 나누어주던 중앙아 주민들의 따뜻한 호의가 없었다면 추위와 굶주림에서 살아남지 못했을 거라고 회고하고 있다.[8] 이는 한인들이 직접 체험한 중앙아 초원의 개방성과 유연성이었다. 당시 중앙아인들은 낯선 한인들을 차별하지 않고 따뜻하게 손님으로 맞이하는 '유라시아 다문명사회'의 공존방식을 계승하고 있었다.

1991년 소련 지배에서 벗어난 중앙아 5개국은 이제 독립국가로서 면모를 갖추어가고 있다.[9] 이들은 자신들의 전통에 서구자본주의 요소와 정치제도를 대거 받아들여 강력한 대통령제를 가진 자본주의 국가로 변모하고 있다. 이러한 문명융합들이 향후 중앙아 5개국에 어떻게 뿌리내리게 될지 흥미롭다. 그동안 자본주의로 전환하면서 많은 혼란과 어려움을 겪었지만 독립국가로서 자리를 잡아가고 있다. 하지만 장기집권과 빈부격차 등 부작용도 나타나고 있다.

## 불교예술의 탄생과 문명융합

적지 않은 사람들이 전 세계 불상과 불교벽화의 발원지가 인도일 것이라고 생각하고 있다. 그러나 불교 예술의 원조는 인도가 아닌 중앙아시아다. 중앙아는 여러 지역의 문화를 받아들여 자신들의 기술과 접목하여 불교 예술을 창조하였다. 이 책에서는 초원의 이러한 역할을 문명융합이라고 부르고 있다.

중앙아 초원의 문명융합은 크게 두 가지 경로로 이루어졌다. 하나는 초원지대에서 유목민의 이동이나 실크로드 상인들의 국제교역 활동과정에서 여러 지역의 문화를 받아들이고 재생산했던 경로이다. 주로 유목민의 계통을 잇는 스키타이, 흉노, 돌궐, 위구르, 몽골제국과 정착민 계통인 오아시스 지역의 소그드인이 그 주역이었다. 이 경로를 통해 유입된 다양한 문화는 중앙아 초원에서 상호 융합되면서 독창적인 국제문화로 재탄생하였다. 대표적으로 알타이, 스키타이 유물, 조로아스터교, 불교, 기독교, 물의 신을 섬겼던 고대 서아시아 종교, 힌두교의 상징물 등 다양한 요소가 융합된 유물들이 중앙아에서 발견된다.[10)]

두 번째는 외부의 침입으로 문명융합이 이루어지는 경로이다. 외부세력의 침입으로 유입된 문화로는 대표적으로 그리스 헬레니즘, 제지술, 이슬람 등을 들 수 있다. 초기 불교에서는 불상은 존재하지 않았으며 대신 부처님의 발자국 등을 새긴 석조물이 종교적 상징물 역할을 하였다고 한다. 불상의 기원에 대해서는 다양한 학설이 있으나 그중에서 기원전 1세기에서 기원후 4세기에 걸쳐 중앙아 쿠샨왕조의 불상이 가장 앞선 것으로 추정되고 있다. 우즈베키스탄 테르메즈(Termez)[11)] 카라테파 유적에서 발견된 불교유적은 그리스, 인도, 중앙아문화가 융합되어 탄생한 초창기 불상의 원형을 보여주고 있다.[12)] BC 356~323년경 알렉산더 대왕의 동방원정으로 중앙아에 유입된 그리스 조형예술과 인도의

사진1. 불상과 불교벽화가 발견된 테르메즈(Termez) 유적지(사진: 주현성)

불교신앙이 중앙아 토기 제작기술과 접목되면서 초기 불상이 탄생한 것이다. 이후 불상은 유라시아 대륙 곳곳으로 전파되어 다채로운 형태로 발전해 나아갔다.

같은 장소에서 동양화와 서양화 기법이 결합된 화려한 초기 불교 벽화도 발견되었다. 이 불교벽화에는 놀랍게도 그리스와 로마의 예술 기법, 인도의 채색 스타일, 페르시아와 헬레니즘 회화 전통들이 복합적으로 나타나고 있다. 이 불교 벽화들도 다양한 지역의 예술기법을 융합하여 부처를 그림으로 표현해 낸 것이다. 불상과 불화의 창조 과정은 다양한 문화적 요소를 결합하여 새로운 문화를 창조하였던 '유라시아 다문명사회'의 역할을 선명하게 보여주고 있다. 이러한 과정을 통해 중앙아는 한국을 비롯한 전 세계 불교미술의 발원지가 될 수 있었다.[13)] 이 밖에도 중앙아 초원에서 문명융합과 창조의 사례는 수없이 많다. 유적지에서는 불상과 불교 벽화 외에도 2-3세기로 추정되는 그리스, 로마, 인도스타일의 인물상 등 다수의 유물이 발견되었다. 또한 알렉산더 대왕을 새긴 금화, 코린트식 양식의 기둥과 건축물 등에서 다양한 문명융합과 창조의 증거들이 발견되고 있다.[14] 이러한 유물들은 서로 다른 문화들이 중앙아 초원에서 만나 어떻게 융합되고 새롭게 태어나게 되었는지를 구체적으로 보여주고 있다.

## 중앙아 초원에 들어온 제지술과 이슬람

동양의 제지술이 서양으로 건너갔고 중앙아에 이슬람이 전파되었다는 것은 모두가 잘 아는 역사다. 당나라 병사들이 가지고 온 제지술은 중앙아의 기술과 결합하여 더욱 발전되었고 중동과 유럽으로 전파되면서 르네상스 등 문예부흥에 산파역할을 하였다.

8세기 세력을 확장하려는 당과 아랍 세력이 중앙아 초원에서 군사적으로 충돌하였다. 압바스 왕조와 당은 751년 현재 카자흐스탄과 키르기스스탄 영토에 속한 탈라스 강 유역에서 전투를 벌이게 된다.[15] 결과적으로 고선지 장군이 이끄는 당이 패하면서 중앙아는 이슬람 영향권에 들어가고 중국의 서역정벌은 좌절을 맛보게 된다.[16] 다수의 역사학자들은 탈라스 전투에서 동양의 제지술이 이슬람 세계로 전파되었다고 보고 있다. 근거는 전투가 끝난 지 6년이 지나면서부터 중앙아 사마르칸트 등지에서 종이를 만드는 공장이 급속하게 번성하였기 때문이다. 이 전쟁에서 당의 병사들이 가져온 동양의 제지술이 중앙아 기술과 접목되어 중동과 유럽 세계로 급속하게 확산되었다. 당시 이슬람 관료들은 종이가 양가죽을 사용하는 것 보다 저렴하고 풍부한 기록이 가능했기에 선호했다.[17] 제지술은 약 800년경에는 이집트, 950년경에는 유럽의 스페인으로 전해졌다. 그리고 1239년경에는 이태리 볼로냐에 제지 공장이 세워졌다. 제지술은 당시 두꺼운 양가죽에 기록을 남기던 중동과 유럽문화에 혁명적인 변화를 초래한다. 결국 종이의 대중화는 이슬람과 유럽의 문예 부흥과 학문, 과학기술 발전에 지대한 영향을 주었다.[18] 한편 아랍세계가 가져온 이슬람 역시 중앙아 초원의 전통, 민속신앙과 결합되면서 교리보다는 명상적이고 수행을 중시하는 종교적 특성을 갖게 된다. 이후 이슬람은 서서히 중앙아시아 초원에서 뿌리내리게 되었다.

## 2. 다양성의 공존과 세계관의 확장

### 경계와 구분으로부터 자유로운 영혼들

유목민은 정착민에 비해 땅의 경계, 민족, 국가공동체, 종교, 사상으로부터 상대적으로 자유로웠다. 초원에 들어선 유목제국도 강한 민족, 국가정체성을 가졌다기보다는 부족 연맹체에 가까웠다. 유목민의 자유로운 성향은 자연환경과 많은 연관성을 가지고 있다. 건조하고 혹독한 기후는 인간이 자연 앞에서 얼마나 작고 나약한 존재인지를 깨닫게 해주었기 때문에 살아남은 것을 소중히 여겼다. 초원의 자연환경은 유목민들의 의식주와 생활양식은 물론 자연관과 종교관, 역사와 문화에도 지대한 영향을 주었다. 그들은 자연을 지배하기보다는 존중하고 조화를 이루는 겸손한 삶의 태도를 가지고 있었다.[19] 초원의 자연조건과 삶의 환경은 유목민들의 생각과 기질에 지대한 영향을 주었다. 정착민과 유목민의 차이를 좀 더 구체적으로 살펴보면 다음과 같다.

일반적으로 정착민들은 농사를 지을 수 있는 지역을 중심으로 마을과 국가공동체를 형성하며 살아왔다. 정착민들에게 땅은 생계수단이자 가장 소중한 재산이었기에 경계의 구분이 명확했다. 또한 정착민들은 조상대대로 살아온 지역에서 대단위 집단공동체를 형성해왔기 때문에 정착지역에 대한 애착과 배타적인 권리의식이 강할 수밖에 없었다. 인류 역사에서 영토와 국경을 둘러싼 민족 간의 전쟁이 끊이지 않았던 것도 바로 이 때문이다. 또한 정착민들은 농사를 짓기 위한 관개수로, 농지개발, 성벽, 도시건설에 필요한 대규모 노동력을 동원하기 위해서도 집단공동체를 형성할 필요가 있었다.

반면 유목민들은 소규모 가족, 씨족단위로 광활한 초원에서 방목을 하며 독립적인 생활을 했기 때문에 대규모 공동체를 형성할 필요가 없었다.[20] 외부의 침입을 막을 필요가 있을 때에는 부족연합을 이루어 전쟁에 나서고 해산하는 방식이었다. 몽골도 애초에 영토 획득의 목적보다는 교역로를 개척하기 위해 시작한 싸움이 제국건설로 이어졌다고 알려져 있다.[21] 이동을 많이 했던 유목제국의 왕들도 거대한 도시나 궁궐을 만들 필요가 없었다. 왕이 이동하다 머무는 곳이 바로 임시 수도역할을 하였다. 6세기말 비잔티움 사신들이 돌궐제국을 방문했을 때 말이 끌 수 있는 천막들에 왕이 거주하는 것을 목격한 기록들이 남아있다.[22] 화려한 성과 궁궐에 익숙한 유럽인들이 보기에는 초원의 풍경은 아주 색다른 모습이었을 것이다. 유목민들은 자급자족의 소규모 목축경제로 생계를 이어갔기 때문에 정착민들처럼 땅의 경계나 배타적인 민족 또는 집단정체성을 형성할 필요성이 적었다. 유목민들은 정착민들과는 다른 자연조건, 삶의 방식, 사고방식을 가지고 있었기에 상대적으로 유연하고 자유로운 영혼을 가질 수 있었다.

### 유목민의 씨족·부족연고, 정착민의 지역연고

중앙아 초원지대에는 유목민만 살았던 것은 아니다. 강 주변이나 물을 구할 수 있는 지역에서는 정착 생활을 하는 사람들도 있었다. 그래서 중앙아 초원에 형성된 정체성은 자연조건과 생존방식에 따라 크게 2가지로 나누어 볼 수 있다. 먼저 건조한 초원지대에서 가족 단위로 목축과 이동 생활을 했던 유목민은 씨족과 혈연적 연고가 중요했다. 이 영향으로 유목민이 주류를 이루었던 카자흐스탄, 투르크메니스탄, 키르기스스탄에는 지금도 씨족, 부족 등 혈연중심의 인맥이 형성되고 있다. 전통적으로 유목민들은 광대한 초원에서 외부의 간섭이나 구속받지 않고 가족, 씨족 단위로 자급자족의 목축 경제생활을 하며 독립적인 생활을 하였다. 때문에 유목민들은 성장기부터 가족, 씨족이라는 혈연사회 안에서 아버지 혈통의 족보를 중심으로 깊은 정서적 유대감과 위계질서를 갖게 되었다. 초원의 인구밀도는 매우 낮았고 목초지 역시 조상들이 다니던 이동통로를 주로 이용하였기 때문에 한 단위의 유목가족이 다른 가족들과 마주칠 기회가 적었다.[23] 유목민들은 계절이 바뀌거나 가뭄 등 자연환경의 변화가 생기면 새로운 목초지를 찾아 이동하면서 다른 유목가족을 만나 혼인을 하거나 때로는 힘이 우월한 집단에 귀속되어 규모를 키우기도 하였다. 여러 가족이 모여 씨족을 만들고 또 여러 씨족이 연합해 부족사회를 형성하는 형태였다. 그러나 유목민들은 함께 힘을 합쳐야 할 경우를 빼고는 주로 소규모 가족단위로 독립적인 유목생활을 유지하였다.[24]

반면 중앙아 남부 오아시스 도시 정착민들은 자기가 태어나고 자란 지역연고를 중요하게 여긴다. 중앙아 남부를 가로지르는 아무다리야, 시르다리야 강이 흐르는 우즈베키스탄과 타지키스탄 평야의 도시나 농경지에 거주했던 이들은 농업, 수공업, 국제교역에 종사하며 지역중심의 유대관계를 맺어왔다. 고대 실크로드 중심지였던 사마르칸트, 부하라, 히바, 타슈켄트, 페르가나 등이 대표적인 오아시스 도시들이며 소그드 지역이라고도 부른다.[25] 이 지역 정착민들은 자신들이 나고 자란 지역에 대한 충성심이 높았다. BC 330년경 알렉산더 대왕의 원정 이후 이곳 오아시스 도시들에 유입된 그리스, 페르시아, 인도문화는 토착문화와 결합되면서 더욱 세련된 문화로 발전하였다.[26] 오아시스 도시지역의 소그드인들은 유목민 또는 유목제국의 보호를 받으며 국제무역에 나서 많은 부를 축적했다. 이들은 높은 문화적 수준과 강한 지역적 유대감을 가지고 있었다. 이 영향으로 현재 우즈베키스탄, 타지키스탄은 지역중심의 인맥과 정치파벌이 형성되고 있다.

사진2. 우즈베키스탄 티무르 박물관의 말안장(사진: 주현성)

## 초원지대와 실크로드의 구분

초원지대와 실크로드를 혼돈하기 쉬운데 둘의 개념차이를 구분할 필요가 있다. 초원의 문명교류와 융합은 유목민의 활동무대였던 초원지대와 정착민이 주도했던 실크로드 두 개의 경로로 진행되었다. 먼저 초원지대는 유목민들이 끊임없이 유라시아 대륙을 가로지르며 이동하며 생활했던 공간인 광활한 중앙아 스텝지역을 말한다. 유목민들은 중앙아 초원지대를 근거지로 삼아 대륙 곳곳의 정착민들을 만나고 연결하면서 문명발전에 자극제 역할을 하였다. 초원지대의 주역은 스키타이, 흉노, 돌궐, 위구르, 몽골제국으로 이어졌다. 예를 들어 고대문명의 신기술이었던 전차, 기마술, 목축, 야금술이 이곳 초원지대에서 발명되었고 다시 다른 지역 정착민들에게 전파[27]되면서 인류문명은 크게 약진할 수 있었다. 때문에 초원지대는 실크로드가 생기기 이전부터 독자적인 문명권을 형성하고 있었다.

반면 중앙아 하천 주변의 소규모 오아시스 도시국가에 거주하는 정착민들은 실크로드 교역을 주도했다.[28] 소그드인이라고도 불렸던 이들은 국제교역을 지원하고 보호해줄 수 있는 유목민과 협력관계를 유지했다. 이러한 유목민과 정착민 사이의 공조 관계는 중앙아 초원에서 오랜 기간 지속되었다.[29] 특히 유목제국들은 필요한 물자확보는 물론 원거리 교역이 가져다주는 경제적 이익 때문에 오아시스 정착민들의 실크로드 교역을 보호하고 지원했다. 유목제국과 실크로드 상인들의 이해가 일치되면서 군사적 보호와 상업적 이익이 결합되는 초원의 질서가 유지될 수 있었다. 실크로드 교역이 활성화되면서 지역성을 띠던 유라시아 대륙의 상호 연결성은 더욱 강화되었다.[30]

국제무역과 교류의 통로였던 실크로드[31]는 크게 3가지 경로가 있었다. 먼저 BC 8-7세기 스키타이가 개척한 초원길로 한반도와 만주-몽골-알타이 중앙아-흑해로 이어지는 길이다. 두 번째는 BC 2세기 말 한(漢)나라 장건이 서역 여행을 하면서 시작되었다는 중국-중앙아-튀르키예로 연결되는 오아시스길이다. 세 번째는 로마인들의 동방 개척에서 기원한 바닷길(해로)이다. 이들은 동아시아-인도양-홍해-지중해를 통해 항해하였다. 실크로드의 역할로 유라시아 대륙의 지역 간 교류는 더욱 활성화될 수 있었다.

### 차이를 인정하고 절충했던 소그드인들

소그드인들은 싸움이나 갈등을 피하면서 교역을 통해 다양한 지역에 진출했다. 그들은 군사력이나 정치권력의 힘을 앞세워 세력을 확장했던 제국들과는 달리 소프트파워를 기반으로 유라시아 대륙 곳곳에 자신들의 시장과 거점을 개척해 나아갔다. 그들은 다른 문화, 민족, 종교, 사상을 배척하지 않고 오히려 배우려 하였다. 다국어 구사능력과 무역, 수공업, 농업 등 생계활동을 앞세워 교역에 나섰기 때문에 낯선 곳에서도 별다른 저항을 받지 않을 수 있었다. 다양한 요소를 결합하여 새 상품을 만드는 재주가 있어 자신들만의 개성 있는 문화를 형성했다.[32]

돌궐, 위구르 제국 시대에 지금의 중앙아 남부, 우즈베키스탄 사마르칸트 주변 오아시스 도시에 살았던 소그드인들은 우수한 수공업 기술과 천부적인 상업적 재능을 가졌던 사람들로 알려져 있다. 그들이 거주했던 오아시스 지역은 지중해, 비잔틴, 흑해, 이란, 인도, 몽골, 중국, 한반도 등 거의 모든 문화가 모이는 세련된 국제도시로 명성을 떨쳤다.[33] 한민족 상인들도 이들과 거래하면서 물품들을 일본에 전파하기도 하였다. 당시 다른 지역 상인들이 한민족의 영역에 들어가 거래를 하는 것은 비교적 자유로운 편이어서 소그드인들이 손쉽게 왕래할 수 있었다. 반대로 한민족 상인이 외국에 나가는 것은 자격조건이 엄격했다고 한다.[34]

소그드인들은 국제교역을 통해 막대한 부를 축적했으며 자체 문자를 사용하여 정보를 교환했다. 그들은 다른 나라를 침략하지 않았고 다양한 민족과 문화를 존중하면서 여러 지역에 스며들었던 지혜로운 사람들이었다. 또한 그들은 비단뿐만 아니라 말, 인도의 원석, 티베트의 사향, 북쪽 초원지대 모피, 수공업제품 등 다양한 문물을 사고 팔았다. 특히 소그드인들은 고급스러운 물건인 금속 세공품을 만드는 숙련된 수공업 장인이기도 하였다. 그들은 이러한 기술을 통해 자신들의 문화가 반영된 개성 있는 상품을 만들기도 하였다. 예를 들어 중국의 실크 제조기법을 응용하여 비단에 자신들의 화려하고 파격적인 문양을 넣은 새로운 상품을 만들어 팔기도 하였다. 뿐만 아니라 소그드인들은 뛰어난 소통능력과 외교력을 통해 우호적인 관계를 형성하는 재능을 가지고 있었다. 그들은 당시 동북아시아 최대 국제 무역도시이자 고구려의 영토였던 조양까지 활발하게 왕래하였고 일부는 현지에 정착해 거주하기도 하였다. 그들은 고구려뿐만 아니라 중국, 동남아, 유럽 등 곳곳에 자신들의 정착촌을 건설했을 만큼 현지 적응력이 높은 사람들이었다. 숙련되고 비즈니스에 정통한 소그드인들은 정착지에서 주로 예술가, 상인 및 번역가로 일했다. 중국인들은 그들이 가져온 문화와 패션에 매료되었으며 소그드인의 의복인 카프탄을 입고 잔치와 사냥을 하는 모습이 그림으로 남아있다. 그러나 소그드인들은 노예제와 매춘과 같은 실크로드 무역의 어두운 분야에도 관여하여 부정적인 이미지를 주기도 하였다.[35] 이러한 중국기록을 바탕으로 한반도에 정착했던 소그드인들의 생활도 짐작해 볼 수가 있다.

5-10세기경 소그드 상인들은 실크로드 주역으로 떠오르며 중앙아를 국제무역의 중심지로 만들었다.[36] 다양한 정보와 국제적 시각을 갖춘 소그드인들은 돌궐, 위구르, 당, 만주와 한반도 등 유목국가와 농경국가들의 지배자들에게 자문역할까지 할 정도로 위상이 높아지기도 하였다.[37]

소그드인은 4-8세기에 전성기를 이루었으나 7-8세기 아랍세력이 중앙아로 진출하면서 쇠퇴하기 시작하였다. 그들의 본거지였던 중앙아는 아랍제국에 흡수되면서 점차 이슬람화 되었다. 또한 당시 고구려, 돌궐과 대결했던 당은 중앙아 소그드 상인들을 유목국가로부터 떼어내어 자국에 편입시키려고 노력했다. 이유는 소그드인을 확보하는 것이 돌궐, 위구르와 세력경쟁에서 유리했기 때문이다. 그러나 8세기 안녹산의 난 이후 당이 소그드인들을 대량 숙청하면서 상황은 변하기 시작했다. 난을 주도한 안녹산이 소그드인 아버지와 돌궐인 어머니 사이에서 태어난 성공한 교역상이었기 때문이었다. 이후 한반도, 중국, 유럽, 동남아, 지중해 등에 정착했던 소그드인들마저 현지에 동화하면서 그들의 독특한 정체성과 문화도 점차 사라지기 시작했다.

소그드인들은 뛰어난 소통 능력과 외교적 감각, 독특한 개성으로 세계 곳곳의 사람들을 매료시키며 자신들의 역할을 수행했다. 그들의 적극적인 활동으로 유라시아 대륙은 하나의 생활문화권으로 연결될 수 있었다. 그들은 상품뿐만 아니라 지식과 문화교류를 추구하려는 진정성을 가지고 있었다. 때문에 소그드인은 평화적인 교역, 문화, 예술적 교류를 통해 민족, 사상, 종교적 경계와 벽을 뛰어넘는 친선관계를 구축할 수 있었다. 이는 인류가 세계관과 지식을 확장하는 데 크게 기여하였다. 그들은 정신문화에서도 다양성을 인정하고 절충하면서 수용하였다. 소그드인은 종교와 사상에도 편견이 없어서 불교, 기독교, 조로아스터교, 마니교 등의 종교를 동양으로 전파하기도 하였다. 그들은 다양한 종교 교리와 경전을 공부하고 번역하면서 보급하였을 만큼 다원적 종교관을 가지고 있었다.[38] 유럽인들은 전쟁까지 벌이며 배척했던 종교의 차이를 소그드인들은 오히려 포용하며 친선관계를 구축하는 문화적 소통에 활용하였다. 서로 다른 종교와 사상에 대한 유연한 생각은 과거나 현재나 쉬운 일이 아니며 세계평화를 위해 현대인이 배워야 할 지혜이기도 하다.

### 유럽이 종교전쟁에 몰입할 때 대륙을 연결한 몽골제국

초원지대와 실크로드를 통한 교류는 13-14세기 몽골제국이 들어서면서 더욱 번성하였다. 몽골제국은 말을 이용한 글로벌 네트워크를 구축하고 대륙의 연결망을 더욱 촘촘하게 구축하였다. 몽골은 현대 국가들의 통상정책과 비교해도 손색이 없을 만큼 상인우대, 자본출자 등을 통해 국제교역을 적극 지원했다. 유럽이 종교 전쟁을 벌이고 있을 때, 몽골은 종교와 민족을 뛰어넘는 통합된 시장을 구축하고 있었다. 몽골이 구축한 교역망은 동서양 문명융합을 촉진했다.[39] 초원유목민과 실크로드상인의 전통을 계승한 몽골제국은 종교와 사상에도 매우 개방적이어서 다양한 정신문화가 확산되었다. 몽골의 다원적인 종교정책은 동양에 기독교, 이슬람을 전파했다. 몽골제국에서는 정복자의 권위에 도전하거나 몽골의 토착 신앙에 위배되지만 않으면 종교의 자유가 허용되었다.

몽골이 구축한 유라시아 대륙의 연결망을 통해 동양을 자유롭게 여행한 마르코 폴로는 아시아를 소개하는 동방견문록을 집필하여 유럽인들의 세계관에 충격을 주었다. 동방견문록에 감명을 받은 콜럼버스는 인도를 찾아 항해에 나섰다가 아메리카 신대륙을 발견하게 되었다. 몽골 지배하에 있던 중앙아 공주이자 전사인 쿠툴룬에 대한 이야기는 유럽에서 푸치니의 오페라 〈투란도트〉 등 다양한 이야기로 각색이 되어 인기를 끌었다.[40] 몽골제국 시기 동서양은 서로에 대해 보다 자세하게 알게 되었다. 몽골은 14세기 초 이러한 정보와 지식들을 모아 세계 최초의 세계사인 '집사'를 펴내기도 하였다. 1402년 조선에서 그려진 '혼일강리역대국도지도'에 아프리카가 처음 등장하는 것도 몽골제국의 연결망이 넓혀놓은 세계관을 반영한다.[41]

그러나 몽골제국이 붕괴하고 티무르제국과 페르시아 사파비 왕조가 등장하면서 초원에 경계가 세워지고 국제교역도 쇠퇴의 길로 접어들었다. 특히 16세기 이후 유럽에 의해 바닷길이 열리면서 육로교역은 약화되기 시작했다. 1520년 티무르제국이 멸망하자 중앙아에 부하라, 히바, 코칸드 칸국이 세워지면서 3국 시대가 열렸다. 19세기 중반에는 러시아가 중앙아 서쪽 지역을 식민지화했고 곧이어 소련이 들어서면서 냉전 시기에 접어들자 초

지도3. 선 안은 몽골제국 전성기 최대 영토(이현지 그림)

원의 다문명 사회도 크게 위축되었다. 패권국이 등장하고 초원의 역할이 축소되면서 유라시아 대륙의 육로교역도 쇠퇴하기 시작했다. 그 절정은 냉전 시기였는데, 미·소 양 진영이 서로를 적대시하며 유라시아 대륙을 둘로 나누는 장벽을 높게 쌓아 올렸다. 특히 냉전의 시작을 알렸던 한국전쟁은 물론 중·소 국경분쟁, 베트남 전쟁 등을 거치면서 유라시아는 엄격히 통제되고 단절된 '얼어붙은 대륙'으로 변모했다. 이런 과정을 통해 경계가 없던 개방된 초원, 유연한 생각으로 다양성을 융합시키고 재창조하던 초원의 다문명사회도 사람들의 기억 속에서 사라지는 듯했다.

### 1장 결론

다양한 요소가 공존했던 중앙아 초원의 개방성, 유연성이 '유라시아 다문명사회' 형성의 원동력이었다. 또한 유라시아 대륙의 중앙부를 동서로 관통하며 다양한 정착문명지역을 접촉하고 연결할 수 있었던 초원이라는 지리적 조건도 '유라시아 다문명사회' 탄생에 기여했다. 인류는 이를 통해 서로를 이해하게 되면서 상호 소통의 범위와 세계관을 확장할 수 있었다. 일찍이 중앙아 초원이 탄생시킨 '유라시아 다문명사회'는 다양한 사람들이 어떻게 평화롭게 공존할 수 있는지를 보여주었다. 그래서 초원의 세계가 만들어 왔던 수용과 융합의 세계는 혐오와 차별, 이기적 민족주의와 자국중심주의가 지배적인 현대 국제사회에 교훈을 주기에 충분하다.

1) Anthony Sattin, *NOMADS: The Wanderers Who Shaped Our World* (W.W. NORTON & COMPANY, 2022), pp. 15-24.

2) Joshua J. Mark. (2018), "Silk Road," https://www.worldhistory.org/Silk_Road/ (검색일: 2022. 06. 12).

3) Anthony Sattin (2022), pp. 80-97, 150-151.

4) Anthony Sattin (2022), p. 101.

5) 고마츠 히사오 외 저, 이평래 역, 『중앙 유라시아의 역사』 (서울: 소나무, 2005), pp. 136-146.

6) 강인욱, 『유라시아 역사 기행』(서울: 민음사, 2015), pp. 43, 62.

7) Anthony Sattin (2022), pp. 100-104.

8) 나탈이야 카리모바, 『한국과 중앙아시아 역사』(모스크바: MBA, 2014), pp. 85-92.

9) Yuriy Malikov, Modern Central Asia: A Primary Source Reader(Lexington Books, 2019), pp. 317-340.

10) Universitat de Barcelona (2021), "Archaeological research in ancient Termez (Uzbekistan): Greek colony, a centre of Central Asian Buddhism and Islamic city in Bactriana (Central Asia)," https://www.ub.edu/ERAAUB/index.php/research-lines/asia/archaeological-research-in-ancient-termez-uzbekistan, (검색일: 2022. 11. 07); 국립중앙박물관,『동서 문명의 십자로-우즈베키스탄의 고대문화』 (2009) 참조.

11) Kazim Abdullaev (2013), "The Buddhist culture of ancient Termez in old recent finds", Research Gate.

12) 민병훈 (2022), "중앙아시아의 고대 불교미술-쿠샨왕조 시대의 불교문화," https://www.youtube.com/watch?v=0bUtn8JCIo8, (검색일: 2022. 10. 30).

13) Anne Wisman (2018), "Ancient Buddhist Mural Found in Uzbekistan Sheds Light on Early Buddhist Diaspora," https://www2.buddhistdoor.net/news/ancient-buddhist-mural-found-in-uzbekistan-sheds-light-on-early-buddhist-diaspora, (검색일: 2022. 11. 02); 문지현, "트랜스 컬쳐럴 커뮤니케이션(Trans-cultural Communication)'의 脈絡(context)에서 考察한 간다라 藝術의 東亞細亞 傳播 硏究," 『문화사학』0-51 (2019), pp.73-88.

14) A. H. Dani and P. Bernard, "ALEXANDER AND HIS SUCCESSORS IN CENTRAL ASIA," *History of civilizations of Central Asia* (UNESCO, 1994), pp. 124-126.

15) 현재 카자흐스탄과 키르기스스탄 접경지역에 위치하고 있음.

16) Гумилёв Л.Н. (1960), Исследования по истории культуры народов Востока. Сборник в честь академика И.А.Орбели. - М.-Л., p.263.

17) Jonathan M. Bloom (2017), "Papermaking: The Historical Diffusion of an Ancient Technique,"
https://link.springer.com/chapter/10.1007/978-3-319-44654-7_3,
(검색일: 2022. 04. 19).

18) 김정명, "유럽은 언제부터 종이를 사용했을까?," 한국일보 (2019),
https://www.hankookilbo.com/News/Read/201902282035731985,
(검색일: 2022. 05. 09).

19) Anthony Sattin (2022), pp. 80-97.

20) Collins, Kathleen, "THE LOGIC OF CLAN POLITICS: Evidence from the Central Asian Trajectories," *World Politics* 56(2) (January 2004), pp. 241-261.

21) Kradin Nikolay (2015), "Nomadic Empires in Inner Asia," *Conference: Complexity of Interaction Along the Eurasian Steppe Zone in the First Millennium CE.* pp. 11-48.

22) 피터 B. 골든 저, 이주엽 역, 『중앙아시아사: 볼가 강에서 몽골까지』(서울: 책과 함께, 2021), p.15.

23) Anthony Sattin (2022), pp. 80-97, 150-151.

24) Anthony Sattin (2022) 참고

25) Anthony Sattin (2022), p. 101.

26) A. H. Dani and P. Bernard (1994), pp. 124-126; 이광태 (2022), "부하라, 중앙아시아 이슬람 문명과 현대의 공존," SNUAC,
http://diverseasia.snu.ac.kr/?p=5323, (검색일: 2022. 04. 19)

27) 강인욱 (2015), p. 30.

28) 고마츠 히사오 외 저, 이평래 역, (2005), pp. 107-135.

29) 피터 B. 골든 저, 이주엽 역 (2021), p. 47, 88.

30) 김호동, 『몽골제국과 세계사의 탄생』(돌베개, 2010), p. 66.

31) Atik, K. (2022). "The Formation Of The Silk Road Before The Mongol Empire," *Üniversitesi SBE Dergisi* 12(3), pp. 1727-1734.

32) Judith A. Lerner and Thomas Wide, "WHO WERE THE SOGDIANS, and Why Do They Matter?," https://sogdians.si.edu/introduction/ (검색일: 2022. 8. 10).

33) 최진열, "유목국가·이민족왕조의 통치제제 정비·운영과 定住·農耕民의 역할," 『고구려발해연구』46 (2013), pp. 145-195; 정수일, "초원 실크로드를 가다 14-초원로가 한반도까지," 경향신문 (2009-05-06),
http://news.khan.co.kr/section/khan_art_view.html?mode=view&artid=200905061508575&code=900306, (검색일: 2022. 10. 30).

34) Кобзева О (2008), Кореееведение и великий шелковыйпуть: актуальные проблемы изучения и перспективы научного сотрудничества в XXI веке// Korean Studies and University

Cooperation between Central Asia and Korea. - Tashkent, p. 74.

35) Mahnoor Fatima (2020), "Along the Silk Road: The Sogdians of Samarkand," https://www.youlinmagazine.com/article/along-the-silk-road-the-sogdians-of-samarkand/MTgxNw==, (검색일: 2022. 10. 11.).

36) 김정웅 (2020), "무역이 바꾼 세계사," https://jmagazine.joins.com/forbes/view/329254, (검색일: 2022. 03. 21).

37) 정재훈 (2015), "자유무역지대를 꿈꿨던 소그드 상인," https://biz.chosun.com/site/data/html_dir/2015/12/04/2015120402139.html, (검색일: 2022. 05. 20).

38) 허남결 "실크로드의 호상(胡商) 소그드상인들의 재조명 - 종교문명의 동전에 미친 영향을 중심으로," 『동아시아불교문화통권』17호 (2014), pp. 103-129.

39) Nikolay P. Kradin, "The Mongol Empire and the Unification of Eurasia," *The Oxford World History of Empire* (2021), pp. 507–532.

40) 미할 비란 외, 『몽골 제국, 실크로드의 개척자들』(책과 함께, 2021), pp. 309-310, 108-109.

41) 재닛 아부-루고드 저, 박흥식·이은정 역, 『유럽 패권 이전』(까치, 2006) 참조.

# II. 한민족과 유목사회의 문명교류

## 1. 알타이 문명의 기원과 한민족

### 중앙아 초원과 한민족의 문명적 연관성

흔히들 한국은 중국문화의 영향을 많이 받은 것으로 알고 있다. 그러나 이는 절반만 맞는 이야기이다. 긴 역사에서 볼 때 한민족은 언제나 중앙아 초원과 연계성을 가지고 있었다. 이 장에서는 초원유목문명과 한민족이 어떻게 연결되어 있었는지를 다양한 문화교류와 융합과정을 통해 살펴보고자 한다. 문명교류는 어느 특정 지역에 국한되지 않고 동서양을 아우르는 광범위한 지역에서 이루어졌다. 때문에 유라시아 다문명사회의 관점에서 보면 동서양, 민족, 국가의 구분은 무의미하다.

우리가 잘 알고 있듯이 한민족의 기원은 중앙아 초원유목문명과 연관성을 가지고 있다. 한민족은 인접한 중국과도 많은 영향을 주고받았고 특히 조선 시대 유교를 받아들이면서 더욱 가까워지기도 하였다. 그러나 긴 역사를 전체적으로 보면 한민족의 문명적 기원은 중국과는 결이 다른 초원문명에 뿌리를 두고 있다. 초원지대에서 발견되는 고고학적 발견들은 한민족의 문명적

뿌리를 설명해주고 있다.[1)] 한민족과 초원유목민은 알타이 문명[2)]을 기원으로 스키타이, 유목문화를 통해 연결되어 있다. 고조선 시기부터 부여, 고구려, 삼국시대, 통일신라, 발해, 고려, 조선 전기에 이르기까지 우리 한민족은 초원과 지속적인 영향을 주고받아왔다. 지금도 한반도와 만주, 연해주 지역에서 발견되는 다채로운 유물들은 이를 설명해주고 있다.

한반도와 그 주변과 중앙아 초원에서 발견되는 암각화, 알타이와 스키타이 양식의 다양한 유물들에서 나타나는 유사성은 양 지역이 문명적으로 연결되어 있었음을 보여준다.[3)] 한반도와 주변 지역에 정착했던 유목민들의 외모, 음악, 의상, 춤, 조형물 등은 한민족문화와 결합되면서 많은 사랑과 인기를 누렸으며 현재까지 전해지고 있다.[4)] 또한 이슬람권 사람들 역시 한반도를 매우 친근하게 생각했다고 전해진다. 그들의 고대 서적은 한반도를 한번 정착하면 떠나기 싫은 곳으로, 모든 것이 풍부하고 우호적인 사람들이 사는 지상낙원 같은 나라로 기록하고 있다.

조선은 유교를 받아들이면서 중앙아 초원의 유목민들을 야만시하고 이민과 교류를 중단시켰다. 그러나 유목 문명의 언어, 지식, 기술 등은 조선 전기 세종대왕의 한글과 과학기술 발전에 영향을 주었을 것으로 추정되고 있다. 한글은 유목문화의 표음문자를 전통을 받아들여 창조되었는데, 이는 표의문자인 중국의 한자와는 다른 계통의 언어이다. 조선 전기 천문관측기, 해시계 등 과학기술의 발전에도 조선에 거주하던 서역인의 지식과 기술이 기여했을 것으로 추정되고 있다.[5)] 비슷한 시기 중앙아 티무르제국의 천문, 수학, 의학은 세계적인 수준으로 발전해있었다. 특히 아래 사진에 나오는 15세기 중앙아 천문기기들은 세종대왕 시기의 유물과 너무도 흡사하다. 이것은 조선 시기에도 북쪽의 국경을 통해 중앙아 초원 지역과 지식을 주고받았음을 짐작할 수 있다.

사진3. 15세기 중앙아 티무르 제국시대의 천문관측기1(사진: 주현성)

사진4. 15세기 중앙아 티무르 제국시대의 천문관측기2(사진: 주현성)

## 알타이 문명과 한민족

한국인에게 알타이[6]라는 단어가 익숙한 이유는 우리 문명의 기원과 연관되어 있기 때문일 것이다. 알타이는 중앙아시아 내륙 지방의 고원지대에 솟아있는 산과 산맥 등이 포함된 지역 이름이다. 원래 알타이라는 말은 금(Gold)을 의미하기도 할 만큼 황금문화와 깊은 연관이 있다. 황금문화는 알타이를 고향으로 하는 북방유목민들의 대표적인 상징물로 신라의 금관과 같은 계통으로 알려져 있다. 알타이, 스키타이 문화는 흉노, 선비, 돌궐, 거란족 등 북방 유목민족들에게 계승되면서 흑해 연안에서 중앙아, 몽골, 만주, 한반도로 확산되었다. 알타이 황금 문화는 고대 신라유적에서 가장 절정을 이루었다.[7] 신라와 가야의 고분에서 발굴된 금관은 알타이 문화권인 만주·몽골·알타이·카자흐스탄 등 초원문명 유물들의 특징들을 모두 가지고 있으면서도 예술적으로 더 승화된 작품이라 평가받고 있다.[8] 지금까지 전 세계에서 출토된 금관(金冠)은 모두 10여 점인데, 한국에서 출토된 금관이 무려 8점으로 압도적인 다수를 차지한다.[9] 알타이에서 시작된 황금 문명이 신라에서 전성기를 맞이했음을 알 수 있다.

사진5. 카자흐스탄 알마티 국립박물관의 황금인간(사진: 고동일)

알타이 문명의 유산은 확연히 구분되는 언어적 특징에서도 나타난다. 알타이계 어족에 속한 민족은 대부분 유목 기마민족 계통으로 중앙아, 위구르, 몽골, 브리야트, 퉁구스, 에벤키, 야쿠트,

한국, 일본 등을 들 수 있다. 특히 한국은 언어, 신화, 생활문화에서도 알타이 문명권과 유사하다. 역사학계에서는 고대 한반도에서 건너간 사람들을 통해 일본 고대어가 형성되면서 일본어도 알타이어 계통의 언어를 갖게 되었을 것으로 추정한다.

인류학자들은 한반도와 알타이 문명권이 인종적으로도 밀접한 연관성을 가지고 있다고 보고 있다. 한민족의 형성과정에서 알타이계가 결합되어 있으며,[10] 현대 한국인의 조상이 수만 년 전부터 청동기시대에 이르기까지 중앙아시아, 우랄-알타이, 몽골 지역에서 한반도로 이주해 왔다고 추정한다.[11] 또한 고대 인류 발생지 중에 하나인 중앙아시아, 우랄-알타이 지역이 한민족의 기원이 시작된 장소라는 주장도 제기되고 있다.[12] 두 지역이 알타이계 언어, 사회, 문화적 공통점을 공유하고 있는 점을 주요 근거로 들고 있다.

알타이 문명권의 지역적 범주는 중앙아시아, 러시아의 시베리아(에벤키, 바이칼, 야쿠트), 몽골, 신장 위구르, 튀르키예, 한국, 일본 등으로 유라시아 대륙의 초원지대와 일부 정착민 지역에 광범위하게 퍼져 있다. 그러나 알타이 문명은 중화문명이나 슬라브 문명에 비해 상대적으로 연구와 자료가 부족하고 해당 국가들의 문명적 연대감도 약하다. 또한 알타이 문명은 수많은 침략을 받으면서 고유의 문화 정체성을 많이 상실했고 주변문화에 동화되기도 하였다.

알타이 문명권은 주로 알이나 새(鳥)가 등장하는 건국 신화나 설화, 장신구와 의복, 묘지 등이 전해주는 생활문화와 언어적 계통에서 주변 문명과는 확연히 다른 독자성을 가지고 있다. [13]또한 고대 중앙아 소그드인들의 복식문화는 한반도의 고대 복식문화와 유사성을 가지고 있다.[14] 당시 소그드인들의 문화는 한반도의 고구려, 백제, 신라와도 많은 유사성을 가지고 있었는데 이는 실크로드를 통한 문화적 소통의 영향 때문일 것이다.15) 예를 들어 금관의 경우 당시 소그드인들의 문화권이었던 아프가니스탄 틸리아 테페에서 출토된 것과 신라의 금관이 같은 계통으로 밝혀지고 있다. 또한 카자흐스탄 보로보에 출토 황금 장식과 신라 계림로 14호분 황금보검, 알타이 파지릭 고분과 신라 적석목곽분도 많은 유사성을 가지고 있다. 특히 신라의 적석목곽분과 유사한 형태의 무덤은 남부 시베리아 알타이 지역의 파지릭 고분에서만 발견되고 있다.16) 이는 한반도가 알타이 문명의 발원지와 직접적인 연관성을 가지고 있었다고 추정해볼 수 있는 중요한 근거이다.17) 시베리아 알타이 지역 유민들이 직접 한반도에 이주하지 않았다면 두 지역에서만 같은 형식의 무덤이 발견되기 어렵기 때문이다.

언어적으로만 보더라도 한국어는 타지크어를 제외한 중앙아 4개국 언어와 같은 알타이어 계통이다. 중앙아 초원은 10세기경부터 20세기까지 알타이어 계통인 투르크어 영향을 지속적으로 받아왔기 때문에 한국어와 문법적으로나 어휘적으로 많은 공통점을 가지고 있다. 중앙아 초원과 한국 언어는 다수의 어휘와 문법적 특성을 공유하고 있다. 예를 들어, 백제 초기 고이왕의 왕호였던 '고이(koi)'는 '양(sheep)'을 뜻하는 고대 투르크어이다. 현대에 들어서도 이 단어는 몽골과 우즈베키스탄 등 중앙아 국가들의 언어에 남아있다. 알타이어로 동물 이름이 왕이나 관직명으로 쓰였던 유목민의 전통이 부여와 고구려에서도 나타나고 있다.18) 또한 사람들이 함께 모여 사는 동네를 의미하는 한국어 '마을'은 중앙아에서 같은 의미로 쓰이는 '마할, 마할라(mahal, mahalla)'와 유사하다.19) 중앙아 초원과 한국어에는 의미, 어순, 문법구조가 유사한 어휘들의 흔적이 존재한다. 이는 한민족의 고대문명이 중국의 황허 문명과는 다른 계통으로 중앙아 초원과 연결되어 있음을 보여주는 사례들이다.

### 고조선과 스키타이

중앙아 초원지대에는 약 BC 12세기에 유목민이 출현했으며 BC 8-3세기에는 최초의 기마군단인 '스키타이'가 등장했다고 알려져 있다. BC 2000년경 유목민들은 이미 높은 수준의 청동기 문화 시대를 열었다. 우즈베키스탄 남동부에 위치한 사팔리 테파(Sapali-tepa) 유적지에서 발견된 대규모의 신전과 많은 토기, 장신구, 청동거울 등은 높은 기술 수준을 보여주고 있다.[20] BC 7-4세기 중앙아, 유라시아 대륙에는 스키타이 문명이 널리 퍼져 있었는데, 고고학자 테레노지킨(A. I. Terenojikin)은 스키타이의 동방 기원설을 주장하여 주목을 받았다.[21] 그는 스키타이가 유라시아 동부 초원에서 기원하여 서쪽 지역인 북카스피해, 흑해 북부로 확산되었다고 주장한다. 이에 대한 근거로 동북아-몽골-중앙아로 이어지는 동일한 계통의 유물출토를 들고 있다. 특히 한반도에서는 스키타이 유물이 다수 출토되고 있는데, 중앙아 초원-알타이 문화를 대표하는 금관과 적석목곽 무덤양식이 대표적이다. 아울러 신라고분에서 발견된 다양한 뿔잔 역시 스키타이 후예들인 유목민족들의 술잔과 같은 계통이다.[22]

이렇듯 한반도와 중앙아는 멀리 떨어진 지리적 거리에도 불구하고 문명적으로는 가까웠다.[23] 실크로드 경로를 따라 발굴되는 유물들은 당시 양 지역 주민들의 삶과 문화적 연관성을 전해주고 있다.

만주와 한반도의 청동기시대는 BC 20세기경으로 대략 고조선이 성립되고 발전하던 시기와 비슷하다. 동아시아에서 초기 청동기 유물인 비파형 청동 검이 출토된 지역은 한반도와 만주, 몽골 등으로 고조선의 영역과 일치하고 있다.[24] 이를 근거로 고조선을 최초의 알타이계 부족 연맹 국가로 보기도 한다.[25)] BC 1000년에 이르기까지 알타이계 부족 집단이 북방에서 이동하여 한반도 북부지역에 정착하게 되는데 이들이 훗날 고조선 혹은 초기 한반도 부족 국가 건설에 참여하게 된 것으로 추정하고 있다.

이후 약 BC 3세기경에 고조선 상인들은 중앙아 초원과 활발하게 대외무역을 하면서 교류를 이어갔다. 아울러 중국에서 발견되지 않은 지중해, 중앙아, 흑해지역 유물들이 한반도에서 발견되는 것도 주목을 받고 있다. 이는 한반도가 중국을 거치지 않고 몽골과 북방 초원길을 통해서 중앙아 지역과 직접 교류했음을 보여주고 있다.

고조선이 말기인 BC 3세기, 중앙아 초원지대를 지배했던 민족은 흉노족이었다. 흉노족은 투르크, 몽골, 만주-퉁구스, 한민족 등 소위 알타이계 민족들을 중심으로 형성된 부족 연합체이다. 흉노제국은 만주와 몽골지역에 거주하면서 부족국가를 이루어 중국의 연(燕)나라와 진(秦)나라를 크게 위협하고 있었다. 흉노제국에 대항하기 위해 중국의 진나라가 만리장성을 건설하였을 만큼 초원세력은 융성했다. 이후 흉노제국이 붕괴된 이후 약 4세기 무렵에는 유럽을 침략해 민족대이동을 촉발시킨 훈족(Huns)이 중앙아 초원으로 유입되었다.[26)]

## 2. 초원과 한민족의 생활문화 공동체

### 고분 벽화가 전해주는 고구려와 돌궐의 이야기

중앙아에는 과거를 생생하게 전해주는 고대 벽화들이 많은데, 그중에서도 6-8세기, 우즈베키스탄 사마르칸트 아프라시압 궁전 벽화는 돌궐과 고구려의 관계를 말해주고 있다. 벽화 맨 오른쪽 새 깃털 장식의 조우관(鳥羽冠)을 쓰고 둥근 원모양이 달린 칼을 찬 두 사람이 당시 돌궐을 방문했던 고구려사절단이다.[27] 벽화발굴에 참여한 소련의 역사학자는 아프라시압의 벽화에 나오는 고구려인의 의상과 장식물에 대해 자세한 기록을 남겨놓았다.[28] 이는 고구려, 백제, 신라인의 의복을 기록한 중국의 기록과도 일치할 뿐만 아니라[29] 머리양식 등도 놀라울 정도로 비슷하다.[30] 수나라의 역사서인 수서(隋書)와 당나라의 역사서인 구당서(九唐書)에도 4-6세기 조우관과 황색의 겉옷, 끝이 뾰족한 신발을 신은 고구려인을 묘사하고 있다.[31] 역사학자들은 이러한 근거들을 종합해  아프라시압에 그려진 사신들이 고구려인이라는 말하고 있다.

국제관계 차원에서도 이 벽화는 당시 고구려와 돌궐이[32] 동과 서쪽에서 중국의 수, 당을 견제, 압박하기 위해 긴밀하게 협력하고 있었음을 짐작하게 한다. 그러나 벽화가 그려진 시기가 고구려 말이나 멸망 이후라는 반론도 있다.[33] 이러한 주장을 수용한다 하더라도 그림이 이전 시기의 역사를 그릴 수 있다는 점에서 양국의 외교적 연대 가능성은 크다. 특히 당시 수, 당을 견제하기 위해 동분서주했던 고구려의 절박한 상황[34]을 고려하면 양국의 연대가능성은 매우 높다.

벽화가 발견된 중앙아 사마르칸트 지역은 고대 오아시스 도시국가인 소그드 지역의 중심지였다. 그들의 연대기를 참고하면 고구려 사신들은 약 6-7세기경에 중앙아를 방문한 것으로 보인다. 당시 중국을 통일한 수, 당나라는 최대의 경쟁자인 고구려를 정복하기 위해 모든 역량을 동원하고 있었다. 이에 맞서 고구려는 군대를 정비하고 장기전에 대비하여 군량미를 비축하였다. 동시에 다른 국가들과 동맹을 맺어 수, 당을 견제하는 연합 포위망을 구축하려 노력했다. 한편 수나라를 견제하기 위해 돌궐과 동맹을 맺으려 했던 고구려의 전략은 순탄치만은 않았다. 때론 수나라가 돌궐의 군대를 동원하여 고구려를 침략하기도 하였다. 그럼에도 불구하고 고구려는 수, 당의 강력한 힘을 견제하기 위해 끊임없이 중앙아 초원 유목민들과 전략적 동맹을 추구하였다. 예를 들어 642년 당 태종이 고구려를 침략하였을 때 연개소문은 몽골초원을 통해 북쪽과 서쪽의 초원유목 국가들과 연합하려고 사신을 파견하기도 하였다.[35] 이는 고구려가 수, 당을 견제하기 위해 북방의 유목제국들과 지속적으로 연대를 추진했음을 보여주고 있다.

또한 고구려의 고분 벽화와 중앙아 암각화는 주제, 양식 등 문화적인 면에서도 동질성을 가지고 있다고 한다.[36] 뿐만 아니라

**사진6. 고구려의 사절단이 그려진 7세기 사마르칸트 아프라시압 벽화(사진: 주현성)**

이 시기 돌궐의 낙타,[37] 악기, 탈춤 등 많은 중앙아 초원의 문물이 고구려에 전해졌다. 반대로 고구려의 문물도 중앙아 초원으로 유입되었을 것으로 추정되고 있다. 대표적으로 알타이와 투바지역 등 시베리아 남부 초원지대에서 5세기 이후로 추정되는 고구려 등자와 마구 등 20여 점이 발굴되고 있다.[38] 이는 당시 핵심기술이었던 고구려의 철기와 제조기술이 중앙아 초원으로 널리 전파되어 사용되고 있었음을 의미한다.

한편 6세기경 중앙아 초원에는 돌궐제국의 시대가 열리고 있었다. 545년 투멘(Tumen) 이라고 불리던 고대 투르크계 지도자는 중앙아 초원에 돌궐제국을 건설했다. 당시 돌궐의 영토는 동쪽으로는 중국, 고구려와 국경을 접하고 있었고 서쪽으로는 흑해연안에 이를 만큼 광활한 중앙아 초원지역을 차지하고 있었다. 그러나 7세기에 접어들면서 돌궐은 동-서로 분열되었는데, 서돌궐은 지금의 중앙아 5개국이 위치한 지역과 신장 위구르 대부분을 지배했다.[39] 이후 서돌궐은 당과 아랍의 침입으로 소멸되었고 중앙아 초원은 이슬람 세력이 장악하게 된다.[40] 서돌궐이 붕괴하자 얼마 지나지 않아 고구려도 나-당 연합군에 의해 멸망을 하게 된다. 이는 고구려 돌궐 양국이 연대하여 당을 견제하던 세력균형이 깨졌기 때문이라고 볼 수 있다. 즉 서쪽을 위협하던 돌궐이 멸망하자 당이 군대를 동쪽 만주지역으로 집중시키면서 고구려가 위기에 처했던 것이다. 벽화가 발견된 사마르칸트는 당시 소그드인이 살던 오아시스 도시지역으로 돌궐제국에 속해있으면서 지중해와 동아시아, 한반도를 잇는 실크로드 교역의 중심지였다.

한편 고구려의 고분 벽화에서도 중앙아 소그드인들이 등장한다.[41] 씨름하는 모습을 그린 고구려 벽화에는 한국인과는 확연히 다른 외모를 가진 중앙아 소그드인으로 보이는 씨름 장수가 나온다. 뿐만 아니라 벽화에 그려진 고구려인들의 옷이 소그드인들과 같은 유형의 의상을 입고 있다. 이 복식은 고대 동북아시아 유목 기마민족에서 시작되어 중앙아, 서아시아에서 널리 유행하다가 마침내 범아시아적인 전통 복식으로 정착되었다. 고구려인들은 의상의 기본유형은 유지하면서도 자신들의 생활환경에 맞게 다양한 변화를 가미한 옷을 입었다. 벽화는 당시 중앙아 초원과 고구려 관계가 외교안보 차원은 물론 주민들의 여가놀이와 의상까지 공유하는 생활문화공동체였음을 보여주고 있다.[42]

사진7. 5-6세기 고구려의 벽화에 나타난 중앙아시아 소그드인

한편 7-8세기 한반도 출신 승려들이 둔황이나 중앙아 지역을 순례하고 돌아오는 경우도 많았다.[43] 삼국 중에서 불교가 가장 융성했던 신라는 진평왕(579-631)시기 북인도, 아프간, 파키스탄 출신의 승려들을 초청했다는 기록이 있다. 또한 신라의 승려들도 황해를 건너 중국, 중앙아를 거쳐 인도로 가는 순례길에 나섰다. 의정(義淨, 635-715)이 쓴 '대당서역구법고승전(大唐西域求法高僧傳)'에는 인도로 향했던 60여 명의 순례자 중 8명이 한국인 순례

자였다고 적혀있다.

신라의 젊은 순례자 혜초(慧超)는 8세기에 동남아를 거쳐 바닷길로 인도를 여행했다가 돌아오는 길에 중앙아를 거쳐 귀국했다. 그의 순례기인 왕오천축국전(往五天竺國傳)이 1908년 둔황 동굴에서 발견되면서 세상에 알려졌다. 특히 혜초의 여행기에는 당시 중앙아 지역에 대한 기록이 있어 주목을 받았다. 혜초는 부하라, 타슈켄트, 사마르칸트 등 6개 도시들에 거주하는 주민들이 불교를 잘 몰랐으며 대부분 조로아스터교를 믿고 있었다고 적고 있다. 다만 페르가나지역의 통치자와 주민들은 불교를 믿었다고 밝히고 있다. 이 기록은 이슬람 전파 이전에 중앙아의 주류 종교가 조로아스터교였음을 짐작하게 하고 있다. 혜초의 순례기는 당시 중앙아 상황을 알 수 있는 가치 있는 기록으로 평가받고 있다.

### 무슬림들이 본 지상낙원 신라

이란의 문헌에 등장하는 신라는 우호와 신뢰로 연결된 형제국가이자 천국과 같이 살기 좋은 곳으로 묘사되고 있다. 또한 페르시아 왕자와 신라 공주의 사랑 이야기를 담은 기록은 한반도에 대한 이슬람 세계의 낭만적 인식을 보여주고 있다.[44] 당시 신라에는 중앙아에서 온 많은 무슬림이 왕래하였거나 정착해서 살았다는 기록이 있다.[45] 아랍의 지리학자 아드리시(al-Idrisi)는 1154년에 쓴 기록에서 "신라를 방문한 사람은 누구나 정착하면 떠나려 하지 않는다. 그 이유는 신라가 풍족하고 좋은 것이 많은데, 특히 금이 흔해 주민들은 개의 사슬이나 원숭이의 목 테두리까지도 금으로 만든다."며 신라를 이상향으로 묘사하고 있다.

아랍의 지리학자 마크디시(al-Maqdishi) 역시 966년에 쓴 기록에서 신라를  공기와 물이 맑고 기름진 땅을 가진 부유한 나라로 그리고 있다. 주민들 또한 온순하여 신라에 온 사람들은 떠나려 하지 않는다고 적고 있다. 신라에서 중앙아, 아랍인의 흔적은 경주의 왕릉을 지키고 있는 7-8세기의 무인 석상들에서도 찾을 수 있다. 곱슬머리, 긴 수염, 큰 눈과 코, 우람한 몸집을 하고 있는 이들의 외모와 머리모양, 복장, 장신구 등은 전형적인 중앙아 소그드인의 모습을 하고 있다. 무인 석상들 오른쪽 뒤 허리에 찬 주머니는 유목민들이 주로 천이나 은으로 만들어서 사용했던 것이다. 한국의 역사문화연구자들은 신라의 향가 '처용설화(處容說話)'의 주인공 처용도 당시 신라에 도착했거나 거주했던 중앙아 소그드인일 가능성이 높다고 보고 있다.

사진8. 9세기 신라 흥덕왕릉 앞에 세워진 석인상

또한 신라에서 발달한 금 세공품(금관, 반지, 목걸이, 귀걸이, 허리띠 등)도 중앙아 유목문명과 연관성이 깊다.[46] 유목민족들은 공통적으로 황금을 숭배하였는데, 스키타이, 신라 등은 금세공이나 금속동물상(像)을 세계에서 가장 잘 만드는 기술을 가진 것으로 알려져 있다. 특히 화려한 세공 기법의 신라 금관과 중앙아 아프가니스탄 틸리아 테페(Tillya Tepe)에서 출토된 약 2000년 전 박트리아 왕조시대 공주의 금관은 계통이 같은 것으로 알려져 있다. 신라 곳곳에서 중앙아 초원과 같은 계통의 유물이 발견되면서 신라의 지배층이 초원의 유목민이었다는 주장까지 제기되고 있다. 그러나 같은 계통이라기보다는 어느 기원지에서 출발해 각각 아프간과 신라로 전파돼 만들어진 '형제 금관' 정도로 보아야 한다는 주장도 있다.[47)]

사진9. 신라 황남대총에서 발굴된 신라왕관 모조전시품(사진: 필자)

사진10. 신라 황남대총에서 발굴된 황금장신구 모조전시품(사진: 필자)

신라에서 출토되는 금관과 적석목곽분이 중앙아 초원의 알타이계 유목민족인 흉노족과 연관되어 있다는 견해도 있다. 신라의 황금유물들은 주로 적석목곽분 무덤에서 출토되는데 이것이 중앙아 사카 유적과 같은 형태의 유물이라는 주장이다. 흥미롭게도 문무왕(661-681)은 자신이 흉노의 후예라는 기록을 남기기도 했다.[48)] 중앙아 초원의 유목민, 신라, 흉노와 같은 계통의 유물은 서유럽 훈족에게서도 발견되고 있다.[49] 유목민들은 이동식 취사 도구인 청동 솥을 말 등에 달고 이동을 하였는데 신라에서 발견된 기마인물상(국보 91호)도 같은 계통이다.

사진11. 한국민족문화대백과사전(기마인물형토기(騎馬人物形土器))[50]

발해는 고구려 장군 출신 대조영이 거란 등 북방유목민들을 결합해 길림성 부근에서 698년에 건국했다. 추위와 척박한 토지로 인해 물자가 부족했던 발해는 일본, 중국, 중앙아 초원 등과 교역을 통해 발전하였다. 발해의 고분에서 중앙아 유목민들의 집단 거주지 터가 발견되면서 중앙아 초원과의 밀접한 연계성을 들어나기도 하였다.[51]

### 고려, 조선시대 초원문명의 영향

13세기 몽골의 침입은 고려에게 큰 시련이었지만 한편으론 중앙아 초원유목문명과 왕성한 교류가 이루어지던 시기이기도 했다. 몽골제국이 유라시아 대륙 교역망을 구축하자 중앙아 실크로드 상인들이 상품을 수입하기 위해 대거 고려에 몰려들었다. 고려는 1270년 강화조약을 체결하기까지 왕궁을 강화도로 옮기면서 약 30년간 대몽골 항쟁을 이어갔다. 결국 고려는 몽골제국에 편입되지 않고 국호도 그대로 유지하는 자치권을 인정받았다. 이는 몽골제국의 역사에서 매우 예외적인 사례라고 한다. 강화조약 이후 약 80년간 고려의 수도 개성에는 몽골 관리들은 물론 무슬림들과 함께 중앙아 초원문물이 대거 유입되었다. 몽골제국이 유라시아 대륙과의 교역을 장려하면서 고려와 중앙아, 아랍세계의 교역도 전성기를 이루었다.

뿐만 아니라 고려의 문물도 중앙아 초원을 거쳐 유라시아 대륙으로 퍼져 나아갔다. 대표적으로 러시아 역사학자 엘리시나(Ю.И.Елихина)는 몽골 초원의 카라코룸에서 발굴된 십이지신이 새겨진 청동거울이 고려에서 들여온 것이라고 추측하였다.[52] 이 시기 유목민들의 언어와 문화도 고려인들의 생활에 많은 영향을 주었는데,[53] 예를 들어 '호(胡)'는 고려 시대에 중앙아 유목민족을 가리키는 의미로 쓰였다. 때문에 호각(胡角)은 유목민들이 부는 뿔피리, 호악(胡樂)은 중앙아 유목문화에서 들어온 음악을 이르는 말이었다. 유목민의 음악과 춤, 악기 등은 고려사회에서 인기를 얻고 있었다. 『고려사』에는 당시 고려왕의 행차에 유목민의 음악을 연주하는 악단이 뒤따랐다는 기록이 있다.[54] 고려 우왕은 유목민의 음악과 춤을 즐겼고 당시 유행하였던 호주머니(胡囊)도 유목민의 복장에서 유래했다고 한다.

한편 고려는 세계에서 가장 뛰어난 조선술과 항해술을 가지고 있었는데, 배 한 척이 약 30m로 90명이 승선하고 약 250톤의 화물을 적재할 수 있었다고 한다. 이로부터 240년 후 마젤란이 세계 일주를 하면서 탔던 가장 큰 배가 130톤에 불과했으니 고려

조선술의 수준을 짐작할 수 있다. 고려는 발달한 조선술과 항해술을 이용하여 동남아, 인도, 중동의 아랍 지역까지 실크로드 해양무역에 나섰다.[55] 고려 말기 한반도에 거주했던 무슬림들은 자신들의 전통과 정체성을 유지하며 실크로드 교역을 통해 축적한 많은 재물로 부유한 생활을 했을 것으로 추정되고 있다. 연구자들은 고려 말에 한반도에 정착한 몽골인을 비롯한 중앙아 초원의 유목민들은 조선 건국 이후에도 계속 거주하며 당시 사회문화에 영향을 미쳤을 것으로 보고 있다.

고려 왕조가 무너지고 건국한 조선은 소중화(小中華)를 자처하며 초원 유목민족들을 '오랑캐'라고 멸시했다. 때문에 유교를 숭상했던 조선 시대에 들어서자 중앙아 초원과의 교류는 급격하게 후퇴하였다. 특히 중국 명나라가 중앙아와 교류를 끊으면서 조선도 영향을 받아 유목민들의 유입과 이동을 중단하였다. 그러나 연구자들은 한반도에 거주하던 많은 무슬림 유목민은 1427년까지는 자신들의 전통을 유지했을 것으로 추정하고 있다. 이후 무슬림은 기록에서 사라질 만큼 조선 사회에 동화되었다. 그럼에도 조선과 중앙아 초원과의 교류가 완전히 끊어진 것은 아니며 북쪽 국경 지역의 여진 등 북방 민족을 통해 지속되고 있었다. 고려 시대 한반도에 거주했던 유목민의 옷이었던 '철륵'은 조선 시대에 우리 민족 전통의상인 '철릭'이 되었다. 또한 세종대왕은 초원유목민들의 표음문자 전통을 받아들여 한글을 창조하였다.[56] 유목민들의 전통과 지식이 조선의 과학과 문화융성에 여전히 영향을 미치고 있었을 것으로 추정되고 있다.

[표 1] 한민족과 중앙아 초원의 역사

| 연대 | 한반도 | 중앙아 초원 |
|---|---|---|
| B.C. 70만 년<br>B.C. 1만<br>- 1만 5천 년 | 구석기 시대<br>신석기 시대->\<br>청동기 시대<br>: 한반도 내 한민족 형성 | B.C. 5000-4000년: 동물(양, 염소)들을 기르기 시작했고 보리 재배 시작 |
| B.C. 2333<br>- B.C. 100년 | 선사시대, 고대국가<br>고조선 건국<br>철기전래와 초기국가<br>부여 건국 | B.C. 2000년: 중앙아시아 서부지역 청동기 시대로 진입<br>B.C. 700-400년: 스키타이 시대 |
| B.C. 54<br>- A.D. 400년<br><br>400-700년 | 삼국(고구려, 백제, 신라) 성립<br><br>삼국의 전성기 | B.C. 200-A.D. 400년: 흉노(현, 몽골 부근), 선비(흉노제국의 동쪽지역) 제국<br>400-600년: 흉노 멸망 뒤 연연, 에프탈리테 성립<br>447년: 훈족의 서진(서로마 침입) |
| 700-<br>1000년 말 | 남북국시대:<br>통일신라(한반도),<br>발해(한반도북부) | 600-800년: 돌궐제국(중앙아시아) 전성기, 비잔틴과 중국을 잇는 실크로드 통제, 소그드인 상업 활동 활발<br>800-1200년: 위구르 제국(중앙아시아 동부, 중남부 스텝지역)<br>1115년: 여진 금(金) 제국 건설<br>8세기: 아라비아에서 시작된 이슬람 세력 동진, 중앙아시아 이슬람화 시작<br>1038년: 셀축조 성립 |
| 918-<br>1392년 | 고려시대 | 900-1200년: 중동 돌궐계 제국(카라카니드, 가즈나비드, 셀축, 콰레즘샤), 중국 변방의 유목민족 제국(계단, 탕쿨, 여진) 전성기 |
| 1392-<br>1892년 | 조선시대 | 1200-1400년: 몽골의 세계제국, 1206 대몽골제국 성립<br>1370년: 티무르 중앙아시아 재통일, 티무르제국 성립<br>15세기 후반: 우즈베크 집단 타슈켄트 방면 지배<br>1500-1599년: 샤이바니 칸 사마르칸트 정복, 샤이바니조(수니파)의 성립<br>17-18세기: 러시아 남동진으로 중앙아시아 지역 차례로 복속, 청(淸)의 서진, 중앙아시아 쇠락으로 이어짐<br>1820년대: 러시아의 카자흐 중, 소 쥬즈 |

| 연대 | 한반도 | 중앙아 초원 |
| --- | --- | --- |
| | | 직할 통치 실시<br>1873년: 러시아군의 히바 점령 |
| 19세기 말<br>-1945년 | 프랑스(1866),<br>미국(1871) 등 제국의<br>침략 시작<br>1876년: 일본과<br>강화도조약 체결<br>1910년: 일본에 국권<br>침탈<br>1945년: 해방 | 1917년: 중앙아시아 각지에 소비에트 정권 확립<br>1918년: 바스마치 운동 시작, 청년 부하라인 조직<br>1930년: 중앙아시아 유목민 강제적 정주화와 목축의 집단화 정책<br>1938년: 스탈린 정권의 대숙청 |
| 1945년-현재 | 1945년: 대한민국 건국<br>1950년: 한국전쟁 발발<br>1991년: 한-중앙아 수교<br>2007년:<br>한중앙아협력포럼출범 | 1990년: 중앙아시아 국가들 차례로 자주권 선언<br>1991년: 소연방 붕괴, 중앙아시아 국가들 독립 |

### II장 결론

알타이문명에서부터 한민족과 중앙아 초원문명은 계속 연결되어 있었다. 양 지역의 연계성은 단순한 문물 교환에 그치지 않고 새로운 문화와 풍조를 만들어냈다. 초원과의 교류에 영향을 받은 청동기, 철기, 황금문명, 불교예술, 의상, 음악, 천문학, 풍습 등 수많은 창조적 역작들이 우리의 생활과 의식 속에 자리 잡고 있다. 양 지역의 만남은 지금도 다양한 형태로 어어 지고 있다. 구한말과 소련시기 한인들의 이주와 중앙아 정착도 양 지역을 연결하는 중요한 역사이다. 현대에 접어들면서 많은 젊은이들이 한반도와 중앙아를 왕래하고 있다. 이들은 한국의 다문화사회를 만들어 가는 주축이기도 하다. 한국과 중앙아 5개국이 모두가 평화롭게 공존할 수 있는 국제사회건설에 기여할 비전을 제시할 필요가 있다.

1) “유목민 교류 역사를 찾아…문화재학계에 북방 바람,” 한겨레, https://www.hani.co.kr/arti/culture/culture_general/1020686.html, (검색일: 2022. 07. 09).

2) Geoffrey Ashe, *Eden in the Altai: The Prehistoric Golden Age and the Mythic Origins of Humanity* (Bear & company, 2018), pp.18-57.

3) 강인욱, 『유라시아 역사 기행』(서울: 민음사, 2015), pp.109, 198.

4) 장영수, “한국 고대복식의 스키타이 복식 유래설에 대한 실증적 검토,” 『복식』통권 225호 (2020), pp. 188-208; 김소희, “스키타이 복식 유형 및 형태에 관한 연구 - 고대 한국과의 관계를 중심으로,” 『한국의상디자인학회지』vol. 20, no. 1 (2018), pp. 61-77.

5) 강인욱 (2015), p. 299.

6) 김채수, 『알타이 문명론』(박이정출판사, 2013); 정석배·이상훈 외,『한국 문화 원류와 알타이 신문화 벨트 2』(한국학중앙연구원, 2017), 참조

7) 권현주, “신라와 중앙아시아 황금문화 유사성,” 『한복문화』 22-1 (2019), pp. 121-135.

8) 김병모, 『금관의 비밀』(푸른 역사: 1998), 참조.

9) 조유전·이기환, 『한국사 미스터리』(황금부엉이: 2004), p. 88.

10) Джарылгасинова Р.Ш (1972). “Древние когурецы (К этническойистории корейцев)”. М., и др. 나탈리야 카리모바(2013), 『역사 속의 한국과 중앙아시아』, 이매진.

11) ЮгайГ.А.(2004), Арийство и семитизм евразийских народов. - Москва-Алматы, с.7. 나탈리야 카리모바(2013).

12) ЮгайГ.А.(2004), С. 9, Юнусов А. Предки корейцев в Центральной Азии// В мире корееведения. - Ташкент:Фан, 2008. - С.121. 나탈리야 카리모바(2013).

13) 정석배, 이상훈 외(2017), 참조

14) 김용문, “아프라시압 벽화에 나타난 복식연구,” *Journal of the Korean Society of Costume*, vol. 60, no.7 (2010), pp. 117-130.

15) 박천수, “유라시아 실크로드로 본 신라의 황금 문화와 유리기,” 『마립관과 적석목곽분』(국립경주박물관, 2021), pp. 295-320.

16) 강인욱, “알타이 산악지역 파지릭문화 고분연구의 최신 성과,” 『러시아 연구』24권 1호 (2014), pp. 280-302; 김용성, “적석목곽분으로 본 신라,”『마립관과 적석목곽분』(국립경주박물관, 2021), pp. 11-47.

17) 그러나 학계에서는 아직 단정할 수 없으며 연구가 더 필요하다는 주장도 있다. 최병헌, “신라적석목곽분 기원 연구 방향,”『중앙고고연구』21호 (2016), pp. 127-128.

18) 최한우,『중앙아시아학 입문 』(펴내기, 1997), pp. 26-37.

19) 이광호,『이슬람과 한국의 민간신앙』(UUP, 1998), p. 25.

20) Askarov A.A., Shirinov T.Sh., *Early urban culture of the Bronze Age in the south of Central Asia* (Samarkand: Inst. Archeology Acad. Sciences of Uzbekistan, 1993).

21) 고마츠 히사코 외 저, 이평래 역,『중앙 유라시아의 역사』(소나무, 2005), p. 43.

22) 정수일 (2005), pp. 237-244

23) Бейши(История Северных династий)// Эрши сыши(24 династийные хроники). Т.11. Шанхай. 1958 Но Тхегенг. Изучение связеймежду ЦентральнойАзиейи народами Когуре и Бальхе// Изучение культуры Великого Востока. Б.М.,Б.Г. и др. 나탈리야 카리모바(2013).

24) 강인욱·조소은, "BC 9~7세기 초기 스키토-시베리아문화와 비파형동검문화권의 대형무덤 비교연구-러시아 투바 아르잔고분과요령 대련 강상묘의 비교를 중심으로," 『인문학연구』 28 (2015), pp. 7-42.

25) Юнусов А.(2008), Предки корейцев в Центральной Азии// В мире корееведения. - Ташкент:Фан, - С.121. 나탈리야 카리모바(2013).

26) 신성곤, 『한국인을 위한 중국사』(서해문집, 2004), p. 101; 사와다 이사오 저, 김숙경 역, 『흉노-지금은 사라진 고대 유목국가 이야기』(아이필드, 2007).

27) 이재성, "아프라시압 宮殿址(궁전지) 壁畵(벽화)의 "鳥羽冠使節(조우관사절)"에 관한 고찰 -高句麗(고구려)에사 사마르칸드(康國)까지의 路線(로선)에 대하여", 『중앙아시아연구』18권2호, PP.1-12.
정호섭, "鳥羽冠을 쓴 人物圖의 類型과 性格-외국 자료에 나타난 古代 한국인의 모습을 중심으로-", 『영남학』, no.24, pp.87 – 123.

28) Альбаум Л.И.(1975), Живопись Афросиаба. Т. С.74. 나탈리야 카리모바(2013).

29) Ли Яньшоу(1958), Бэйши(北史)// Эрши сыши(24 династийные хроники). Т.11. Шанхай, С.13801. 나탈리야 카리모바(2013).

30) Фрески гробцы Когуре. Пхеиьян, 1958. С.2. 나탈리야 카리모바(2013).

31) Анозава Вако, Маномэ Дзунити. О корейских посланниках, изображенных на стенах Афрасиабского дворца// Корееведение. № 80. 1976. С.22(На кор.яз.). 나탈리야 카리모바(2013).

32) Yuriy Malikov(2019), pp. 297-316.

33) 박아림, "고구려 고분벽화와 북방문화," 『高句麗渤海研究』第50輯 (2014), pp. 281-282.

34) 여호규,"7세기 중엽 국제정세 변동과 고구려 대외관계의 추이," 『대구사학』vol. 133 (2018), pp. 151-193.

35) 이정훈, "고구려 외교의 성격과 규모 대한 분석 —외교가 무역과 전쟁에 끼친 영향," 『仙道文化』vol.21 (2016), pp. 167-225.

36) 장석호, "고구려 초기 고분 벽화와 중앙아시아 고대 암각화," 『문명교류연구』 1-0 (2009), pp. 113-150.

37) 백제(599년), 고구려(618년), 신라(680년)를 통해서 일본에 낙타가 전해졌는데,

이 낙타는 돌궐이 중국에 전한 것을 다시 한국이 받은 것이다. 돌궐은 618-626년에 500여 마리의 낙타를 당나라에 수출하였다. Akiyama Kenzo (1944), Essays on history of contacts in the East Asian countries. - Tokyo, pp. 26-29.(재인용).

38) 강인욱 (2015), p. 257.

39) 최한우 (1997), p. 88; 르네 그루세 저, 김호동 역,『유라시아 유목제국사』(사계절, 1998), pp. 139-156.

40) 피터 B. 골든 저, 이주엽 역, 『중앙아시아사: 볼가 강에서 몽골까지』(서울: 책과함께, 2021), pp. 115-117.

41) 박아림, "고구려 벽화의 북방문화적 요소," 『동북아역사논총』no. 22 (2008), pp. 219-248.

42) 박아림 (2014), pp. 317-333.

43) Koh Byong-ik, *Essays on East Asian History and Cultural Traditions* (Seoul, 2004), p. 261; Гумилёв Л.Н.

44) 이희수·다르유시 아크바르자데, 『쿠쉬나메』(청아출판사, 2014) 참조

45) 정수일, 『한국 속의 세계 -상 - 우리는 어떻게 세계와 소통했는가』(창비, 2005), pp. 237-244.

46) 김동영, "제작기술로 본 신라의 황금문화,"『마립관과 적석목곽분』(국립경주박물관, 2021), pp. 354-390.

47) "신라 금관 빼닮은 '아프간 금관' 한국 왔다," 조선일보, http://premium.chosun.com/site/data/html_dir/2016/07/05/2016070500433.html, (검색일: 2022. 06. 23).

48) "[이덕일의 역사를 말하다]신라 문무왕도 투후 김일제의 후손이다," https://kgnews.co.kr/mobile/article.html?no=619037, (검색일: 2022. 07. 13).

49) 이종호, "게르만 민족 대이동을 촉발시킨 훈족과 韓民族의 親緣性에 관한 연구," 『백산학보』66호 (2003), pp. 197 -246.

50) http://encykorea.aks.ac.kr/Contents/Item/E0008210 (검색일: 2022.10.10)

51) 송기호, "용해구역 고분 발굴에서 드러난 발해국의 성격," 『고구려발해연구』vol. 38 (2010), pp. 137-153.

52) 김경나, "몽골제국의 카라코룸 유물로 본 초원길의 동서교역," 『아시아리뷰』8-2 (2019), pp. 193-213.

53) "이재운의 우리말의 탄생과 진화 호(胡)자 표지 달고 사막을 건너온 중앙아시아어 1, 2," http://www.hani.co.kr/arti/society/schooling/342835.html, (검색일: 2009. 09. 06).

54) 전인평, "중앙아시아 음악의 고려 음악에 대한 영향," 『문명교류연구』 1-0 (2009), pp. 89-112.

55) 정수일, 『한국 속의 세계 -하 - 우리는 어떻게 세계와 소통했는가』(창비, 2005), pp. 83-89.

56) 강인욱 (2015), pp. 31, 285, 299-301.

# 2부

## 현대 중앙아 정치와 사회

2부에서는 유목사회 전통에 대통령제, 자본주의 등 서구적 요소가 결합된 중앙아 5개국의 국내정치, 사회가 어떠한 특징을 가지고 작동하는지?, 또한 초원의 전통신앙과 융합된 이슬람 종교는 어떤 특징을 가지고 주민들에게 영향을 주고 있는지? 에 대해 설명하고자 한다. 서구에서 들여온 문화와 제도가 유목문화 전통, 이슬람 요소, 소련 전체주의 영향과 결합하면서 어떠한 모습으로 변형되어 중앙아 5개국에 자리 잡고 있는지 알아보는 일은 매우 흥미로운 일이다. 아울러 중앙아인들의 신앙이자 정체성의 주요 요소인 이슬람이 정치와 주민들의 일상생활에 어떻게 작용하고 있는지도 현대 중앙아 5개국을 이해하기 위해 빼놓을 수 없는 부분이다.

현재 중앙아 국가들은 강력한 권위주의 체제를 형성하고 있지만 일부 국가의 지도자들은 점진적인 민주주의를 지향하겠다고 말하고 있다. 젊은 인구가 증가하면서 국가정책에 대한 불만과 개선요구도 증가하고 있다. 중앙아 5개국의 정치, 사회 실험이 성공하여 제 자리를 잡을지 아니면 퇴행하게 될지는 아직 판단하기 이르다. 중앙아 주민들의 세대교체가 이루어지면서 개혁을 원하는 압력도 점차 거세질 전망이다.

# I. 중앙아 5개국의 권위주의체제와 사회변화

## 1. 청년세대의 부상과 사회변화요구

### 젊은 세대의 등장과 정치, 경제개혁 요구

중앙아 사회가 점차 다원화되면서 시민들의 정치, 사회적 요구도 커지고 있다. 젊은 세대들은 민족주의[1], 이슬람주의, 친서방주의, 사회적 불만 등 다양한 목소리를 내기 시작했다. 대부분의 시민들은 완전한 민주주의를 요구하기보다는 정권이 더 나은 미래를 보장하겠다는 약속을 이행하기를 바라고 있다. 특히, 인구의 절반 이상을 차지하는 젊은 세대들은 보다 적극적으로 사회변화를 원한다. 이들은 정부에 더 큰 책임을 요구하면서 사회경제적 고통을 해결해 줄 것을 요구한다. 이들은 경제발전을 위해 정치적 요구와 비판을 자제했던 부모 세대와는 다르다.

중앙아 국가들도 이러한 시민들의 변화요구에 호응하기 위해 노력하고 있다. 각국 정부들은 깨끗한 물, 양질의 의료 서비스, 사회복지 확대 등 대국민 서비스를 개선하기 위해 다양한 정책들을 내놓고 있다. 또한 일부 국가에서는 정치 민주화와 언론자유를 증진시키려는 움직임도 보이고 있다. 그럼에도 불구하고 이 지역 권위주의 정권들이 시민들의 증가하는 요구를 충족시킬 능력이 없다는 비관론도 있다.[2] 더욱이 국민들의 불만을 무마하거나 진압하려는 정부의 강압 정책이 민심을 더욱 악화시키면서 풀뿌리 사회운동을 증가시키고 있다는 분석이다. 중앙아 정권들은 시민들의 시위와 항의 증가에 당황하면서 이들을 협력파트너로 보기보다는 잠재적 위협으로 간주하고 있다는 지적이다. 심지어 중앙아 정권들은 자신들이 충분히 민주주의를 실행하고 있다고 자평하기도 한다.[3]

중앙아 청년인구의 급격한 증가를 주목할 필요가 있다. 독립 이후 태어난 세대가 성인이 되면서 사회변화에 대한 욕구가 커지고 있다. 타지키스탄과 우즈베키스탄의 인구 증가가 가장 눈에 띄며 다른 중앙아 국가들도 인구가 완만히 늘어나는 추세이다. 2018년 기준 중앙아 전체 인구는 약 7,200만 명으로 2000년 이후에만 약 1,600만 명이 증가했다. 이 추세대로라면 2050년 중앙아 인구는 약 9,500만 명에 이를 것으로 예상된다. 현재 중앙아 인구의 3분의 1이 15세 이하이고 인구 중 3-7%만이 65세 이상이다. 평균 연령이 27세 미만일 만큼 중앙아는 젊은 사회다.[4] 젊은 세대들은 부모 세대에 비해 러시아에 덜 의존적인 반면 민족주의 성향은 강해지고 있다. 이제 젊은 시민들은 수년 동안 중앙아 정치지도자들이 약속했던 공약을 지키라고 요구하고 있다. 특히 이들은 정부에게 일자리 창출을 가장 크게 요구하고 있다.

키르기스스탄은 인구의 약 26%가 빈곤선 이하의 생활을 하고 있으며 부패와 불투명한 관료행정도 심각하다. 대(對)중국 의존도가 커지면서 민족주의 분노가 반(反)중국 시위를 불러오기도 한다. 카자흐스탄은 상황이 좀 나은 편이지만 시민들은 자국의 가치, 문화, 언어의 역할이 더 커지기를 요구하고 있다. 카자흐 민족주의 정서는 러시아의 영향권에서 벗어나려는 경향과 반중국 정서 증가로 이어지고 있다.

한편 많은 중앙아 시민들이 더 나은 일자리와 교육 기회를 찾아 이주를 선택하고 있다. 타지키스탄, 키르기스스탄 경제의 많은 부분이 러시아와 카자흐스탄으로 이주한 노동자들이 보낸 송금액에 의존하고 있다. 그러나 러시아와 카자흐스탄 경제가 어려워지면서 청년들은 유럽, 튀르키예, 중동, 한국 등으로 이주하여 새로운 기회를 모색하고 있다. 재능 있는 인재 유출이 계속되는 것은 중앙아의 미래 발전에 부정적인 면도 존재한다. 또한 도시로 인구가 몰려들면서 지방인구가 대규모로 줄어드는 등 사회문제가 되고 있다. 부모의 노동이주로 시골에 남겨진 아동들과 노인들은 복지 사각지대에 놓여있고, 이 중 일부는 학대와 방치에 노출되어 있다는 조사결과다.

타지키스탄의 경우도 젊은 인구의 비율이 높으며, 이들의 주요 관심사 역시 일자리와 생계 문제이다. 타지키스탄 인구의 약 3분의 1이 빈곤선 이하의 생활을 하고 있으며 5세 미만 어린이의 약 4분의 1이 만성 영양실조를 경험하고 있다는 조사 결과도 있다.[5)] 타지키스탄 정부는 시민들의 불만 시위를 미연에 차단하기 위해 가혹한 탄압을 하고 있다는 비판을 받고 있다.

중앙아 5개국에서 가까운 미래에 서구식 민주주의 체제가 구축될 가능성은 낮다. 현재 5개국 모두 경기 침체에 빠져 있으며 뿌리 깊은 부패로 외국인 투자도 제한적이다. 그동안 중앙아 5개국 정부가 시민들의 불만을 잠재우기 위해 사용했던 수단들인 공공부문 일자리, 자원수출, 노동이주 등도 빠른 인구 증가에 따른 수요를 따라잡지 못하고 있다. 이를 해결하려면 외자유치를 위한 투자 환경 개선 등 투명하고 효율적인 정부 시스템 구축이 필요하다. 그러나 투르크메니스탄, 타지키스탄 대통령들은 정부 개혁에 불안을 느낀 엘리트들의 저항으로 자신들의 권력 기반이 약화될 것을 우려하여 개혁에 소극적이다.[6)]

우즈베키스탄 미르지요예프(Mirziyoyev) 대통령은 경제개혁 필요성을 인정하고 경제 자유화와 개방정책을 추진하고 있다. 현재 우즈벡 정부가 광범위한 개혁을 시행할 능력과 자원은 부족하지만 이러한 방향은 적절하다고 평가할 수 있다. 카자흐스탄은 풍부한 에너지, 농업 자원으로 상대적으로 재정 여력이 있다. 그러나 반복되는 통화 평가절하와 높은 인플레이션이 카자흐스탄 경제를 어렵게 하고 있다. 특히 권력 엘리트의 부패와 사치는 시민들의 분노를 더욱 부추기고 있다. 카자흐스탄은 중앙아에서 시민들의 정부에 대한 불만이 증가하면서 사회운동과 시위가 가장 활발하게 일어나는 나라이다. 부패를 근절하고 사회 서비스를 개선하겠다는 정부의 약속은 아직 시민들의 일상생활에서 체감되지 못하고 있다. 그동안 키르기스스탄을 제외한 중앙아 국가들이 시민들의 시위와 불만을 수용하기 보다는 탄압하려고 한다는 지적을 받았다. 카자흐스탄 정부가 한때 시민들을 통제하기 위해 인터넷 감시와 안면인식 등 권위주의적 통제기술을 도입할 것이라는 우려가 제기되기도 하였다.

철저한 통제국가인 투르크메니스탄의 경우, 시위는 매우 드물지만 시민들이 가끔 소규모로 거리에 나서 식량 가격 상승과 생필품 부족에 항의하고 있다. 강력한 경찰국가인 투르크메니스탄에서 이런 시위가 발행한다는 것은 경제가 나빠지고 있다는 반증이기도 하다.

### 중앙아 시민들이 생각하는 민주주의

어떻게 중앙아 국가들은 독립 이후 짧은 시간 안에 국제사회에서 유래를 찾기 힘든 강력한 권위주의 체제를 구축할 수 있었을까? 권력을 독식한 중앙아 대통령들은 그의 가족과 충성 세력에게 국가권력과 자원을 몰아주고 있다. 또한 이들은 헌법 개정을 통해 종신대통령에 가까운 임기연장을 하고 퇴임이나 사망 후에도 측근이나 자식에게 권좌를 물려주고 있다.[7] 그럼에도 중앙아 시민들이 집권세력에게 90-70%에 가까운 지지를 보내고 있는 현상을 어떻게 보아야 할까? 이러한 의문에 대한 답을 권력 견제 장치 부재와 여론조사의 신뢰성 문제만으로 설명하기는 어렵다.

이에 대한 보다 내면적인 답을 찾기 위해서는 먼저 권위주의나 민주주의에 대한 중앙아 시민들의 인식이 서구인들과는 다르다는 점에 주목해야 한다. 중앙아 시민들이 요구하는 민주주의는 대부분 정부의 실정에 대한 개선과 부패청산, 일자리 등 민생대책에 관한 것이지 정부 퇴진이나 서구식 민주주의 실현이 아닌 것이다. 때문에 서구의 시각으로 중앙아 국가들의 정치 문제를 인식하는 것은 현실과 거리가 있을 수 있다. 중앙아 시민들은 비판 야당, 자유롭고 공정한 선거, 언론자유, 의회의 대통령 견제를 원하기보다는 정부가 국민들에게 약속한 일자리와 삶의 환경을 개선하라는 것이다. 즉 정부가 완전히 민주적이지는 않더라도 지도층의 부패와 사치를 척결하고 빈부격차 등 사회문제를 해결하면서 일자리 등 주민 생활을 개선해주기를 바라고 있는 것이다. 특히 중앙아 시민들은 국가공동체보다는 개인의 사적이익을 추구하는 부패한 정치엘리트에 대해 분개하고 있다.[8]

오랜 시간 동안 권위주의 통치를 받아온 대다수 시민들은 강압 통치나 권력세습을 큰 문제로 보지 않는 듯하다. 중앙아 시민들에게 권위주의 통치는 어려서부터 경험해 오던 익숙한 일이다. 중앙아인들에게 권위주의는 일상적인 것이며 서구식 민주주의를 요구하지도 않는다. 현지 조사 연구에 따르면 중앙아 이슬람 단체 대표들도 주민들의 생계문제와 사회보장 제도 강화, 자신들의 종교 활동에 대한 간섭 금지 등을 우선 요구하고 있어 서구식 민주주의의 개혁과는 차이를 보이고 있다. 그들은 반정부 활동에는 소극적이며 온건한 태도를 취하고 있다.[9)]

**자유권 침해 논란과 개선 노력**

중앙아 5개국 정치체제는 강고한 권위주의 체제로 평가받고 있다.[10)] 대통령이 바뀌어도 민주주의와 인권신장은 더 악화되거나 별로 개선되지 않고 있다는 지적이다.[11)] 언론자유가 허용되는 키르기스스탄이 그나마 낫고 나머지 국가들은 개선될 가능성이 크지 않다는 부정적 전망도 있다.[12)] 국제민주주의 평가기관은 2021년 기준으로 중앙아시아 5개국 모두를 자유롭지 못한 국가(Not Free)로 분류하고 있다. 키르기스스탄은 한때 '부분적 자유국가(Partly Free)'로 평가받기도 하였지만 2021년 독재 요소가 가미된 헌법 개정으로 민주주의가 후퇴하면서 권위주의 국가로 분류되었다.[13)]

투르크메니스탄은 실종된 수십 명의 자국민 행방을 은폐하면서 주민들의 기본권과 자유를 감시, 억압하고 있다는 비판을 받고 있다. 해외 거주 투르크멘 노동자가 대통령에 반대하는 시위에 참여했다는 이유로 당국에 의해 그의 가족과 약혼자가 위협과 구타를 당했다. 또한 반정부 활동가가 해외 망명을 거부당하고 부모까지 심문을 당했다는 보도도 있다. 전문가들은 이런 탄압은 해외거주 자국민들이 반정부 활동에 참여하지 못하도록 투르크메니스탄 정부가 공포심을 조성하는 것이라고 보고 있다.

우즈베키스탄 정부는 비판적인 언론인의 블로그를 삭제하거나 강제로 정신과 치료를 받게 했다는 논란과 일부 고문 의혹에 휩

싸여 있다.[14] 또한 정당을 설립하려면 20,000명의 서명을 받게 만든 선거법이 실질적으로 신생 야당의 출현을 막고 있다는 지적이다.

타지키스탄에서도 비판적인 언론인이 위협을 받거나 구금되고 있으며, 심지어 테러리스트로 규정되기도 한다. 투르크메니스탄의 경우, 정부가 모든 언론을 통제하며 해외언론에 대한 접근도 금지하고 있다.[15] 정부나 공공기관의 정책 결정과정과 정보 공개 역시 불투명하며 관료사회의 부패 문제도 비판받고 있다. 특히 관료사회의 부정부패는 외국인 투자 유치와 중앙아 비즈니스 환경을 악화시키는 요인으로 거론된다. 카자흐스탄, 우즈베키스탄, 타지키스탄 등에서 사회적 불평등과 정부 정책 실패에 항의하는 주민들의 시위가 이어지고 있다.[16]

그러나 일부 변화의 조짐도 나타나고 있다. 2022년 초 카자흐스탄 시위 이후 토카예프 대통령은 지나친 대통령의 권한을 줄이고 의회 권한을 강화하는 조치를 취하고 있다. 외교관 출신인 그는 카자흐스탄 민주주의를 국제기준에 부합하도록 개혁한다는 명분으로 인권신장과 시민참여 확대, 정당등록 절차 간소화, 지방분권 강화 등을 추진하고 있다. 이를 위해 전임 대통령의 특권을 폐지하고 대통령 임기를 5년 중임제에서 7년 단임으로 제한하는 개헌을 단행했다. 2022년 11월 재선에 성공한 토카예프는 자신이 약속한 빈곤층에 대한 부채탕감, 식량보조금 지급 등의 공약을 어떻게 이행할지도 주목 받고 있다. 만약 대통령에 집중된 권력을 분산하는 그의 정치개혁이 성공한다면 카자흐스탄은 한 단계 더 발전할 수 있을 전망이다. 또한 카자흐의 정치개혁은 다른 중앙아 국가들에게도 자극제가 될 것이다. 이런 개혁움직임이 반영되어 카자흐스탄 민주주의에 대한 외부 평가기관 점수도 작게나마 상승하고 있다.[17] 그러나 여전히 언론과 비판적 활동가들에 대한 감시와 억압이 진행되고 있다는 지적이다. 의회의 의석수 비율 역시 당선자의 86%가 현 대통령을 지지하는 여당 후보로 채워지고 있다. 이런 상황에서는 정책을 검증하고 대통령 권력을 감시, 견제할 세력이 존재하기 어렵다. 우즈베키스탄 미르지요예프 대통령 역시 취임 이후 표현의 자유를 보다 많이 허용하려는 조치를 취하고 있다. 또한 반부패법 등 정치경제개혁을 통해 변화를 추진하고 있다. 이러한 시도들이 집권 초기 정권 안정을 위한 임시 조치가 아니라 지속적으로 추진된다면 중앙아 국가들의 정치발전에 새로운 계기가 될 수도 있을 것이다.

### 사회적 불평등과 빈부격차

2019년 조사에 따르면 중앙아의 빈부격차와 사회적 불평등이 심각한 수준으로 나타나고 있다. 사회적 불평등은 특히 사회적 약자인 어린이, 장애인, 여성에게 더 많은 고통을 주고 있다. 지역적으로는 농촌이나 외곽지역의 주민들이 더 열악한 상황에 놓여있다.[18]

우선 가장 잘사는 상위 10%와 가장 가난한 하위 10%의 수입을 비교한 조사결과를 살펴보면 격차가 크다는 것을 알 수 있다. 잘사는 사람들의 수입이 빈곤층에 비해 몇 배나 더 많은지를 비교해 보니 키르기스스탄의 경우 12배, 타지키스탄은 9배, 카자흐스탄과 우즈베키스탄은 6배로 나타나고 있다. 그러나 이는 공개된 수입만을 가지고 비교한 것이며 은밀한 수입이 많은 부유층들의 특성을 고려하면 격차는 이보다 훨씬 더 클 것이다.

중앙아 역내 국가 간 불평등도 큰 격차를 보이고 있다. 2019년 기준 1인당 GDP는 카자흐스탄이 9,731달러인데 비해 타지키스탄은 $870에 불과해 10배가 넘는 차이를 보이고 있다. 타지키스탄과 유럽연합을 비교하면 약 40배 차이가 난다. 이 조사는 코로나 19가 시작되기 전이니 지금은 격차가 더 벌어질 것이다.

지난 10년 동안 출산을 하다 숨진 산모의 수가 타지키스탄의 경우 유럽의 4배에 이른다고 한다. 키르기스스탄은 인구 100,000 명당 76명의 산모가 사망하고 있다. 이들은 주로 양질의 의료시설 접근이 어려운 외곽지역 여성들이다. 교육 불평등도 심화되고 있다. 매년 3만 명 이상의 중앙아 어린이들이 아동 노동에 동원되거나 부모의 경제적 빈곤 등으로 초등학교에 다니지 못하고 있다. 장애 아동의 75%는 특수 독서 장치나 휠체어와 같은 보조기구 부족으로 교육을 받지 못하고 있다. 또한 남성과 여성의 교육 불평등도 심화되고 있다. 이러한 사회적 불평등과 빈부격차는 타지키스탄, 키르기스스탄의 지방이나 오지에서 더욱 커지고 있다.

## 2. 전통과 근대의 결합이 만든 국내정치 특징

### 국내정치의 주요 특징

그렇다면 이러한 시민들의 개혁 요구에도 불구하고 중앙아 정부들이 문제를 적절하게 해결하지 못하는 이유는 무엇인가? 가장 중요한 원인은 정부가 효과적으로 기능할 수 없을 만큼 경직된 권위주의체제이기 때문이다. 이 절에서는 중앙아 5개국 정치의 주요 특징과 작동방식, 문제점에 대해 살펴보고자 한다.[19)]

중앙아 국내 정치의 주요 특징은 강력한 권한을 가진 대통령제, 권력세습, 유목문화와 이슬람 전통에서 유래한 가부장적 권위, 소련 전체주의 지배의 영향, 대통령과 측근들이 국가권력을 독점하는 '후견관계(clientelistic relationship)', 민주주의 제도의 미비, 언론과 비판의 자유 부재, 관료제의 비효율성과 부패 등을 주요원인으로 설명할 수 있다.

중앙아 5개국 통치자들은 국가의 안정과 경제발전이 민주주의보다 우선순위이기 때문에 권위주의 통치가 필요하다고 선전한다. 국가 경제를 발전시켜 먹고사는 문제를 먼저 해결할 때까지 민주주의를 유보하자는 말이다.[20] 이는 중앙아 5개국뿐만 아니라 전 세계 권위주의 정권들의 공통된 논리이기도 했다. 중앙아 국가들은 민주주의를 억압하고 경제발전을 우선시했던 과거 한국의 박정희 시대와 싱가포르의 리콴유 시대를 자신들의 모델로 이야기하곤 한다. 즉 중앙아 정부들은 국가안정과 경제발전을 위해 권위주의 통치가 필요하고 민주주의는 그 다음에 해도 늦지 않다는 논리를 국민들에게 주입해 왔다.[21]

그러나 민주주의 발전은 시민들의 오랜 투쟁과 희생의 결과물이다. 국가가 안정되고 경제가 발전했다고 독점하던 권력과 부를 스스로 내려놓고 민주주의를 발전시키는 권위주의 정권을 국제사회에서 찾아보기 어렵다. 과거 한국의 경우처럼 국민과 시민사회의 희생과 노력이 있을 때에만 민주주의가 발전하는 경우가 대부분이다. 결국 중앙아 5개국의 민주주의 발전은 시민들의 각성과 노력으로 비판 야당과 지도자, 시민단체, 언론의 자유가 보장되고 의회와 법원 등 권력 견제기구들이 제 기능을 할 수 있을 때에만 실현될 수 있을 것이다. 결국 민주주의의 감시 기능이 올바로 작동해야만 부패도 비효율적인 관료주의, 국가경쟁력 제고도 개선될 수 있다. 일자리 창출에 기여할 외국인 투자도 투명하고 신뢰할만한 국가 운영이 되어야만 활성화될 것이다.

### 무소불위의 대통령 권력과 세습정치

중앙아 5개국 정치체제는 무소불위의 강력한 대통령제이다. 대통령을 견제해야 할 의회가 제 기능을 못하고 언론의 자유도 억

압받고 있다. 사법부에 대한 시민들의 불신은 상당하며 권력과 돈이 있으면 무죄, 가난하면 작은 실수를 해도 유죄가 된다고 생각하고 있다. 중앙아 사회에서 대통령을 비판하고 견제할 세력은 거의 없다고 볼 수 있다. 공정한 선거와 엘리트 간 경쟁을 통해 권력 교체가 이루어지는 민주주의 국가와는 달리 중앙아 5개국의 권력승계는 밀실에서 권력자의 지명에 의해 은밀하게 이루어지고 있다. 중앙아 대통령들은 권좌를 측근이나 아들에게 물려줄 때 마치 왕조시대처럼[22] 자신의 후계자를 직접 지명하는 형식을 취하고 있다.

중앙아 5개국 정치의 또 다른 특징은 종신 대통령제에 가까울 만큼 장기집권이 관례가 되어가고 있다는 점이다. 키르기스스탄을 제외한 중앙아 4개국 대통령들은 수시로 헌법을 개정해 대통령 연임제한 규정을 삭제하고 집권을 연장해왔다.[23] 또한 전임 대통령이 사망하거나 건강상 이유로 물러나면 측근이나 자식에게 권좌가 승계되고 있다. 그래서 이미 아들에게 권좌를 물려준 투르크메니스탄이나 이를 준비하고 있는 타지키스탄은 과거 왕조시대의 부자상속제도로 후퇴하고 있다는 비판을 받고 있다.[24]

우즈베키스탄 카리모프(Karimov) 전 대통령도 독립 초기부터 2016년 사망하기까지 무려 26년 동안 권좌에 있었다. 그는 수차례 헌법 개정을 통해 임기를 연장하면서 절대권력을 누리다가 사망 이후에야 권좌에서 내려왔다. 뒤를 이어 대통령이 된 현 미르지요예프 대통령 역시 카리모프의 최측근이었다.[25]

카자흐스탄 나자르바예프 전 대통령 역시 28년 동안 수차례 헌법 개정을 통해 장기집권을 하다가 2019년 건강상의 이유로 사퇴했다. 그도 역시 권좌는 자신의 심복이었던 현 토카예프 대통령에게 물려주었다. 카자흐스탄 경제가 발전할 수 있었던 배경 중에 하나로 나자르바예프의 공적을 평가하는 전문가들도 있다.

이처럼 그에 대한 긍정적인 평가도 있지만 퇴임 후에도 국가안보회의 의장직을 맡는 등 자신의 부와 권력을 유지하려고 노력하면서 비판을 받았다. 뿐만 아니라 그는 자신의 재임 중 저지른 불법행위에 대해서도 면책특권을 부여하는 법을 제정하기도 했다.[26] 그러나 2022년 초 카자흐스탄 시민들의 시위가 발생하자 나자르바예프는 모든 직책에서 물러날 수밖에 없었다. 이제 토카예프가 명실상부한 권력의 1인자가 된 것이다.

투르크메니스탄 역시 초대 대통령 니야조프(Niyazov)가 2006년 심장마비로 죽자 그의 측근인 베르디무하메도프(Berdimuhamedov)가 뒤를 이어 약 15년간 집권하였다.[27] 2대 대통령이 된 베르디무하메도프는 전임자와는 달리 점진적인 개방정책을 통해 투르크메니스탄을 안정적으로 이끌어왔다는 평가를 받기도 한다. 그러나 그는 2022년 건강상의 이유로 권좌에서 물러나고 자신의 아들인 세르다르(serdar)에게 권력을 승계했다. 그의 갑작스런 퇴진은 아마도 자신이 생존해 있을 때 아들에게 권력을 안정적으로 물려주기 위한 것으로 보인다. 자신의 전임자 니야조프나 우즈베키스탄 카리모프처럼 권력승계를 하지 못하고 갑자기 사망했을 경우를 대비한 조치로 해석할 수 있다. 그는 측근보다는 배신당할 위험성이 적은 아들에게 권력을 물려주었다. 그러나 권력을 한 집안이 대를 이어 독식하는 전근대적인 세습정치는 국가권력의 사유화와 부패로 이어질 수밖에 없다. 이번 권력세습으로 투르크메니스탄은 구소련권 국가들 중에서 아제르바이잔에 이어 두 번째로 부자세습국가가 되었다. 물론 권력세습이 대통령 선거를 통해 이루어졌지만 이미 정해진 후보를 추대하는 형식적 절차에 불과했다는 지적이다. 특히 투르크메니스탄은 초대 대통령 시절부터 우상숭배와 언론통제가 가장 심한 국가로 손꼽혀왔다.

타지키스탄 라흐몬 대통령도 1994년 집권 이후 수차례 법 개정을 통해 28년 동안 권좌를 유지하고 있다. 그런데 그도 젊은 아들에게 권력을 상속하기 위한 사전 준비를 하고 있다는 보도가 나오고 있다.[28)] 타지키스탄 수도 두샨베 시장을 역임하던 그의 아들 루스탐 에모말리(Rustam Emomali)는 이미 2020년부터 권력서열 2위인 상원의장직도 맡고 있다. 혹시 아버지가 갑작스럽게 사망하더라도 상원의장인 아들에게 바로 권력승계가 이루어지도록 사전조치를 취해 둔 것이다. 이처럼 민주주의 국가에서는 상상하기 힘든 일들이 일부 중앙아 국가들에서 관행처럼 반복되고 있다.

상대적으로 민주국가로 평가받았던 키르기스스탄도 최근 들어 다시 권위주의 국가로 변하고 있다.[29)] 2021년 국민투표를 통해 다시 강력한 대통령제로 복귀하는 개헌을 주도한 자파로프(Zhaparov)가 새 대통령으로 당선되었다. 그러나 개정된 헌법에는 언론, 출판, 예술의 자유를 제한하는 독소조항이 들어있어 권위주의로 후퇴했다는 지적을 받고 있다. 당선된 자파로프는 현재 공용어인 러시아어 사용과 러시아군의 지속적인 주둔을 주장하고 있다. 그는 취임 후 첫 해외 순방국으로 러시아를 방문하는 등 친러 성향을 보이고 있다. 러시아는 자신들에 우호적인 권위주의 정권들을 후원하고 반대급부로 충성을 요구하고 있다.

독립 이후 키르기스스탄의 정치사를 간단하게 살펴보면 초대 대통령 아카예프(Akaev)가 약 15년 동안 집권하면서 부정부패, 권력남용, 부정선거를 저질러 2005년 시민혁명으로 축출되었다.[30)] 뒤를 이어 같은 해 7월 바키예프(Bakiev)가 대통령 선출되었으나 약 5년만인 2010년에 또다시 시민혁명으로 물러났다. 이후 오툰바예바(Otunbayeva)가 과도기 대통령으로 취임하였고 내각제, 6년 단임 대통령제 등으로 헌법을 개정하면서 안정을 찾아가는 것처럼 보이기도 하였다. 실제로 2011년 12월 아탐바예프

(Atambayev), 2017년 제엔베코프 (Jeenbekov)로 이어지면서 순조로운 권력 교체가 이루어지는 듯했다. 그러나 2020년 10월 제엔베코프마저 부정선거 시비로 임기를 채우지 못하고 사임하면서 평화로운 정권교체 실험은 또다시 중단되었다. 키르기스스탄 정치사는 중앙아에서 민주주의가 뿌리내리는 것이 얼마나 힘든 일인지를 보여주고 있다.

살펴본 바와 같이 중앙아 5개국의 대통령 권력은 견제가 어려울 만큼 강력하며 권력세습이라는 전근대적인 퇴행까지 일부 국가에서 나타나고 있다. 이는 대통령과 그의 가족을 중심으로 한 집권 세력이 권력과 부를 지키기 위해 수시로 헌법을 개정하면서 국가권력을 사유화하고 있기 때문이라는 지적이다. 중앙아 5개국에서 민주주의제도의 근간인 삼권분립, 자유롭고 공정한 선거, 언론과 집회결사의 자유 등이 법조문에는 있지만, 현실정치에서는 잘 실현되지 못하고 있다. 예를 들어 대통령과 행정부를 견제해야 할 의회는 제 기능을 못하고 거수기 역할에 머물고 있다. 또한 의회 내에 정부 정책을 비판, 검증하는 비판 야당이나 야권 지도자가 존재하지 않는다. 이는 통치자들이 자신에게 비판적인 정적이나 정당을 허용하지 않기 때문이다. 예를 들어 우즈베키스탄의 경우, 정권이 야당의 의회 선거 등록을 방해하거나 야당 지도자를 구금하기도 한다.[31] 대통령과 정책경쟁을 하는 야당 정치세력이 존재하려면 언론과 집회결사의 자유가 보장되고 시민사회가 발전해야 하는데 중앙아 5개국의 현실은 그렇지 못하다는 지적이다.

키르기스스탄을 제외한 중앙아 4개국 의회, 대통령 선거에서 당선자가 권력 내부에서 먼저 정해지며 선거는 형식적인 절차에 불과하다는 평가를 받는다. 카자흐스탄의 경우, 전임자의 갑작스러운 퇴임 이후 단 2개월 만에 치러진 2019년 조기 대선에서 토카예프 대통령이 70.96%의 득표율로 당선되었다[32], 일부에서는 이를 기획된 가짜 선거라고 비판하기도 한다. 야당행세를 하는 정당 역시 실질적으로는 대통령을 지지하는 가짜 야당인 경우도 있다. 우즈베키스탄의 경우, 의회 내 야당이 대통령의 정책을 검증하기보다는 친위대역할을 하고 있다는 비판을 받는다.[33] 정치적 탄압으로 언론의 자유 역시 열악한 상황이다. 중앙아 5개국에서는 대통령을 칭송하는 관제언론이 대부분으로 정부정책을 감시하고 비판하는 경우를 찾아보기 어렵다는 평가다. 아래 표에 나타난 중앙아 5개국의 언론자유 지수를 보더라도 세계 최하위권 수준이다.

[표 2] 2020 중앙아 5개국의 언론자유 지수

| 국가 | 2020년 점수 | 2020년 순위 | 2019년 점수 | 2019년 순위 | 점수 증감 | 순위 변동 | 상태 |
|---|---|---|---|---|---|---|---|
| 카자흐스탄 | 54.11 | 157 | 52.82 | 158 | +1.29 | +1 | 어려움 |
| 우즈베키스탄 | 53.07 | 156 | 53.52 | 160 | −0.45 | +4 | 어려움 |
| 투르크메니스탄 | 85.44 | 179 | 85.44 | 179 | 0 | = | 심각 |
| 타지키스탄 | 55.34 | 161 | 54.02 | 161 | +1.32 | = | 심각 |
| 키르기스스탄 | 30.19 | 82 | 29.92 | 83 | +0.27 | +1 | 문제 |

자료: Reporters without Borders, 2020 World Press Freedom Index

주. 점수가 100에 가까울수록 언론자유는 없다고 볼 수 있다.

### 짧은 민주주의 역사와 사회, 제도적 기반 미비

일부 전문가들은 중앙아 5개국 권위주의가 강화되는 이유로 독립 이후 소련식 전체주의에서 민주적인 대통령제로 이행하는 시간이 짧았다는 점을 들고 있다. 때문에 이들 국가들이 민주주의 발전에 필요한 사회, 경제적 기반을 갖출 시간이 부족했다는 시각이다. 일반적으로 강력한 세력을 갖춘 시민사회, 자유민주주의가 정착할 수 있는 사회적 성숙도, 사유재산권 보장, 투명한 시장경제, 민주적 권위를 가진 권력견제기관(법원, 야당, 언론) 등이 성장하고 작동하려면 시간이 필요하다는 주장이다. 중앙아 정부들은 시민들의 정치참여를 배제하고 이를 견제할 야당과 언론도 인정하지 않으려 한다는 지적을 받고 있다.

키르기스스탄을 제외한 중앙아 대통령들은 국부로서 추앙받기 위해 우상화 작업을 지속해 왔다. 우즈베키스탄, 투르크메니스탄 등 일부 중앙아 국가들의 서점에 들어가 보면 정치·경제·역사는 물론 과학에 이르기까지 모든 분야에서 초대 대통령들의 저서를 볼 수 있다. 대통령이 다방면에 유식하고 전지전능한 사람이라는 이미지를 국민들에게 심고자 하는 목적이다. 또한 학교 교육과 언론을 통해서도 대통령에 대한 우상화작업이 지속적으로 이루어지고 있다. 반면 권위주의 통치에 방해가 되는 야당이나 시민사회의 반정부 활동은 철저히 차단하고 있다. 때문에 일부 전문가들은 중앙아 국가들에서 민주주의가 발전하기 어려울 것이라고 전망한다. 또한 의회와 사법부가 대통령 권력에 종속되면서 삼권분립도 작동하고 있지 않다는 지적이다.

구소련권 국가들 중에서 2003년 조지아 장미 혁명, 2004년 우크라이나 오렌지 혁명 등 시민들에 의한 정권교체가 가능할 수 있었던 것은 강력한 야당 세력과 사회단체, NGO가 활동할 수 있었기 때문이었다. 그러나 현재 중앙아 국가들에서는 야당과 사회단체가 비판 세력으로 활동하기 어려운 실정이다.

### 경제상황과 빈부격차 확대, 풍부한 자원의 이중성

중앙아 5개국은 1990년대 경제침체기를 벗어나 2000년대 유가 상승에 힘입어 높은 경제성장률을 달성하였다. 특히 카자흐스탄의 경우 2000-2008년 약 8년간 연평균 10%에 가까운 고성장을 이루기도 하였다.[34] 독립 이후 카자흐스탄은 빠르게 개방경제로 전환한 데 비해 우즈베키스탄은 상대적으로 점진적인 개방정책을 선택하였다. 이로 인해 당시 카자흐스탄은 높은 경제성장을 보였지만 우즈베키스탄은 실패국가로 평가받을 만큼 경제가 어려웠다. 그러나 시간이 흐르면서 우즈베키스탄도 서서히 개방경제로 돌아서면서 완만한 상승세를 보이고 있다. 특히 2008년 금융위기 이후 급격한 개방정책을 폈던 카자흐스탄은 크게 흔들린 반면, 개방도가 낮았던 우즈베키스탄은 상대적으로 대외변수에 강한 모습을 보여주기도 하였다. 또 다른 자원 부국인 투르크메니스탄의 경우도 에너지자원 수출로 벌어들인 수입으로 안정적인 성장을 해왔다. 특히 이 나라는 초대 대통령 시기 철저한 폐쇄국가로 평가받을 만큼 고립정책을 유지했으나 2대 대통령 취임 이후 점차 개방정책으로 전환해오고 있다. 상대적으로 자원이 부족하고 규모가 작은 키르기스스탄과 타지키스탄은 경제 상황이 매우 어렵다. 특히 이들 나라의 빈곤층 문제는 국제적으로도 주목을 받을 만큼 심각하다.

한편 우즈베키스탄은 중앙아에서 가장 많은 젊은 인구를 가진 나라로 향후 발전 잠재력이 높은 것으로 평가받고 있다.[35] 우즈벡의 풍부한 노동력은 제조업 거점국가로 성장할 수 있는 가능성을 높여주고 있다. 투르크메니스탄 역시 풍부한 가스자원 수출로 얻은 수익의 일부분을 사회안전망에 투자하고 있다. 이는 다른 산유국들처럼 권위주의 통치와 권력세습을 정당화하고 주민들의 불만을 무마하기 위해 자원수출로 벌어들인 돈을 쓰는 것이라는 지적이다.[36]

독립 이후 중앙아 5개국에서 사유화가 진행되면서 국유재산을 소수 엘리트가 독점하였다. 또한 부정부패가 심화되면서 사회적 격차가 더욱 벌어지고 있다.[37] 빈부격차로 인한 불평등은 주민들의 기본적인 삶까지 위협하는 사회문제로 부상하고 있다. 일부 통계에 따르면 깨끗한 물과 위생은 물론 양질의 의료 및 교육에 접근할 수 없는 사람들이 늘어나고 있다. 특히 타지키스탄과 키르기스스탄이 가장 어려운 상황이다.[38] 또한 관료제의 비효율성과 부패도 중앙아 국가들이 당면한 문제이다.

우즈베키스탄의 경우, 주요 산업을 주도하는 국영기업들이 관료주의와 결탁되어 느리고 비효율적으로 일하고 있다는 평가다.[39] 투르크메니스탄 역시 복잡한 행정절차로 인해 추가 비용을 지불해야 하는 외국인 투자자들의 불만을 사고 있다.[40] 또한 풍부한 에너지 광물자원이 오히려 중앙아 국가들의 산업다각화와 민주주의 발전을 방해한다는 지적도 있다.[41] 일반적으로 자원부국들은 엄청난 천연자원 수출로 벌어들인 수익의 일부를 권위주

사진12. 중앙아시아 전통시장(사진: 주현성)

의 정권에 대한 주민들의 불만을 잠재우고 추종자들을 관리하는 데 쓴다. 국민의 재산인 자원을 팔아 벌어들인 자금을 대통령 개인의 권력과 정권을 유지하기 위해 쓰고 있다. 또한 자원부국들은 국민 세금보다는 자원 수출로 얻은 수익이 더 많아 국민 여론에 크게 신경 쓰지 않는 경향도 있다. 예를 들어 투르크메니스탄은 천연가스 수출로 생긴 수입의 일부를 주민들의 전기, 수도, 가스, 의료, 학비, 주택비용을 지원하는 데 사용하고 있다. 이로 인해 주민들은 적은 소득만으로도 생활이 가능하여 반체제 활동이나 대규모 정치적 소요를 일으킬 동기를 찾기 어렵다.[42] 이러한 현상은 중앙아 5개국뿐만 아니라 석유 수출 비중이 높은 일부 자원부국에서도 나타난다. 그러나 수입이 자원 수출에 편중되어 있어 제조업이나 다른 산업들이 상대적으로 발전하지 못하는 경향이 있다. 특히 중앙아 국가들은 기후 위기에 대비하기 위한 재생에너지 확대와 녹색경제로의 전환도 더딘 편이다. 풍요로운 에너지 자원이 저탄소 경제를 대비한 기술개발이나 인프라 구축을 더디게 만들기 때문이다.[43] 이렇듯 풍부한 자원이 축복인 면도 있지만 정치·경제 발전에 오히려 방해가 되는 면도 있다. 때문에 중앙아 국가들에게 자원은 동전의 양면과 같은 성격을 가지고 있다고 볼 수 있다.

### 유목사회의 가부장적 정치문화와 대통령제의 결합

앞서 언급한 바와 같이 중앙아 5개국은 초원지대의 유목문화와 오아시스 도시의 정착민 문화로 구분해 볼 수 있다. 카자흐스탄, 키르기스스탄, 투르크메니스탄은 주로 초원지대로 유목민이 다수를 차지했기 때문에 씨족, 부족에 기반한 혈연중심의 유대관계가 강하다. 현재도 이들 나라에서는 여전히 어느 씨족, 부족 출신인가가 인맥과 파벌형성에 중요한 연고로 작용한다. 반면 우즈베키스탄, 타지키스탄은 오아시스 주변 평야 지대의 농경지와 도시에 거주하는 정착민이 상대적으로 많아서 전통적으로 지역 중심의 유대관계가 강했다. 현재도 이들 나라에서는 지역 연고가 중요하며 고향이 어디인가에 따라 인맥이 형성된다.

한편 과거 유목사회에서는 부족장은 씨족, 부족 사회의 갈등과 이해관계를 조정하여 질서를 유지하고, 외부의 적으로부터 공동체를 보호해야 하는 막중한 책임이 있었다. 이렇듯 공동체의 구심적 역할을 했던 부족장은 구성원이 순종해야 하는 절대적인 권위를 가졌다. 공동체의 아버지 같은 존재였던 부족장은 7세기 이후 전파된 이슬람 요소가 결합되면서 종교적 권위까지 얻게 되었다. 오아시스 도시들에서는 부족장과 같은 역할을 했던 지역 지도자가 이를 대신했다. 소련 스탈린 정부의 강력한 현대화 정책으로 유목민과 오아시스 정착민의 생활방식은 사라졌지만 씨족과 부족사회 또는 지역사회에 대한 주민들의 응집력과 충성심은 전통과 관습처럼 계승되고 있다. 예를 들어 소련 시절에도 중앙아 지역 권력 엘리트들은 자신과 연고가 같은 씨족, 부족, 지역 출신들에게 권력과 이권을 집중적으로 나누어 주었다.[44] 소련 시기 사람들의 생활은 도시화, 산업사회화 되었지만 유목사회의 끈끈한 연고주의는 그대로 남아있었던 것이다. 중앙아 5개국이 독립한 이후에도 권력과 부를 둘러싼 부족 또는 지역 간 파벌경쟁과 암투는 여전하다.

현재 일부 중앙아 국가들의 대통령들은 과거 부족장이나 지역사회지도자들이 가졌던 가부장적 권위를 차용하여 자신들의 권력 독점을 정당화 하거나 강화하고 있다. 이들 나라에서 대통령은 단순한 정치지도자가 아니라 집안과 지역사회의 가장 권위 있는 어른이자 종교지도자와 같은 존재이기도 하다. 이들 나라에서 주민들은 과거 부족장이나 종교지도자 등 지도층의 권위에 순종해

왔던 것처럼 현재 대통령에게도 매우 순응적이다. 그래서 대부분의 주민들은 통치자의 권력독점이나 억압통치에 큰 저항 없이 따르는 경향이 강하다. 이러한 정치문화 속에서 부족장과 같은 가부장적 권위를 가진 대통령들은 법보다 우월한 절대적 권위를 누리고 있다.[45]

약 15년 전부터 한신대학교에 연수나 유학을 온 우즈베키스탄 학생들과 대화를 해 보면, 이들은 자기 나라 대통령을 마치 집안의 가장 큰 어른과 동일시하는 경향이 있다. 이들은 대통령을 평가하거나 비판하는 것을 대체로 불경스런 행위로 생각하고 있었다. 이들에게 대통령은 국민을 위해 봉사하고 평가받는 정치인이기보다는 혈연으로 맺어진 부족장과도 같은 존재로 인식되고 있다는 생각이다. 그러나 세대가 바뀌면서 이러한 분위기도 점차 변하고 있다. 최근 유학을 온 학생들은 이전 선배들에 비해 조금씩 정부에 대한 불만을 표현하고 있다.

카자흐스탄 초대 대통령 나자르바예프와 투르크메니스탄 초대 대통령 니야조프의 권력승계 과정을 비교해 보면 유목문화의 영향을 보다 분명히 알 수 있다는 연구도 있다.[46] 먼저 두 나라 권력승계의 공통점을 살펴보면, 같은 씨족, 부족 연합체 출신이 후계자가 되었다는 것이다. 카자흐스탄 토카예프 대통령과 투르크메니스탄 베르디무하메도프 대통령은 모두 전임자와 같은 부족 출신이었다. 둘째, 권력승계뿐만이 아니라 모든 정부 고위직과 경제적 부를 대통령을 배출한 씨족과 부족 출신들이 독차지한다. 셋째, 두 나라 모두 대통령에 대한 우상화를 통해 장기집권을 정당화한다. 넷째, 전임자가 후임자를 지목하는 권력승계가 이루어진다. 다섯째, 전임자는 퇴임 이후에도 자신의 권력과 재산을 유지하기 위한 상왕 정치체제를 구축하려 한다. 예를 들어 나자르바예프와 베르디무하메도프는 퇴임 후에도 국가 주요 직책을 맡았다.

그러나 차이점도 있었는데 카자흐스탄의 경우 전임자와 후임자가 같은 부족 연합(대쥬즈) 출신이기는 하였지만, 하위 부족으로 내려가면 계통이 달랐다. 이러한 이유 때문인지 시간이 지나면서 전임자와 후임자의 거리가 멀어지고 있다는 평가다. 현 대통령인 토카예프는 전임자인 나자르바예프의 특권을 폐지하는 정치개혁을 하고 있다. 반면 투르크메니스탄의 베르디무하메도프 경우 후임자가 아들이기 때문에 전임자인 아버지를 배신하기 어렵다. 즉 양국의 권력승계 과정은 혈연적으로 가까울수록 더욱 신뢰할 수 있다는 유목사회의 오랜 전통을 보여주고 있다. 때문에 앞으로 중앙아 권력자들은 측근보다는 부자(父子)권력세습을 선호할 가능성이 크다. 이를 반영하듯 현재 타지키스탄도 부자세습을 준비하고 있다.

### 소련의 '후견관계'와 유목사회의 연고주의

구소련권 국가들이 독립한 이후 대부분의 나라에서 공산당 세력이 몰락하고 정치엘리트 교체가 일어났다. 그러나 예외적으로 중앙아 5개국은 구 공산당 세력이 그대로 살아남았다.[47] 즉 사회주의에서 자본주의로 체제가 전환되었지만 중앙아 5개국에서는 과거 공산당 세력이 여전히 새로운 독립국의 대통령과 권력 엘리트의 지위를 유지하고 있는 것이다. 때문에 중앙아에는 현재도 소련 전체주의 체제 영향이 많이 남아있다.

과거 소련 체제는 겉으로는 사회주의 이념과 관료 시스템에 의해 운영되는 것처럼 보였다.[48] 그러나 일부 권력층 내부에서는 사적 이익 추구를 위해 형성된 개인적 인맥들이 실질적인 힘을 발휘했다. 소련 시기에 당, 관료집단 내에는 혈연·지연·개인적 인연을 중심으로 서로 이익을 주고받는 인맥이 형성되었는데, 이를

'후견관계'라고 말한다.[49] 즉, 상급자가 부하들에게 관직과 경제적 이권을 배분하고, 부하들은 그 대가로 충성을 바치는 이익 관계가 바로 '후견관계'이다. 대표적으로 소련 시기 스탈린이 강력한 레닌의 후계자로 꼽히던 트로츠키를 물리치고 권좌에 오를 수 있었던 것도 그가 정부 관료 내에 심어놓은 사적 인맥들이 큰 힘을 발휘했기 때문이었다. 중앙아 집권 세력들 역시 권력 강화와 이권 추구를 위해 이러한 사적 인맥들을 만들어 적극 활용하고 있다.[50] 특히 중앙아 국가들에서 '후견관계'는 앞서 설명한 유목문화의 씨족, 부족, 지역 인맥과 결합되면서 더 강한 결집력을 가진 이익집단이 되었다.[51]

현재 중앙아 대통령들은 자신과 연고가 있는 씨족, 부족, 동향 출신 측근들에게 국가권력과 부를 분배하고 반대급부로 충성을 요구하는 '후원관계'를 형성하고 있다.[52] 때문에 이들 나라에서는 대통령과 친소관계에 따라 권력과 경제적 부의 크기가 결정되고 있다. 주로 대통령의 친족이나 측근 인사들이 정부 요직이나 경제적 이권을 독차지하고 있다.[53] 능력이나 전문성보다는 대통령을 정점으로 한 혈연, 씨족, 부족, 지역으로 맺어진 인맥 안에 속해야 권력과 경제적 부에 접근이 가능하다. 물론 그 집단 안에서도 대통령을 향한 충성경쟁과 권력 암투의 결과에 따라 순위가 정해진다. 예를 들어 나자르바예프(Nazarbaev) 집권 시기 카자흐스탄 장관직의 약 90%가 통치자와 같은 부족 연합(쥬즈) 출신이었다.[54] 투르크메니스탄의 경우도 엘리트 충원이 제도와 법에 의하기보다는 대통령과 사적관계에 따라 이루어지고 있다.[55] 우즈베키스탄 등 나머지 국가들도 이와 비슷하다. 그러나 상대적으로 소외된 파벌이 국내정치안정을 위협할 수 있기 때문에 이들에 대한 감시와 탄압도 병행되고 있다. 대통령을 중심으로 한 '후견관계'는 국익보다는 사적이익을 우선할 수밖에 없어 국가 경쟁력을 하락시키고 부패로 연결될 가능성이 높다.

'후견관계'는 비단 권력 엘리트에 국한되지 않고 민간분야의 사회, 경제적 활동에도 영향을 미친다.[56] 일상생활에서부터 경제 활동에 이르기까지 자신에게 호의적인 인맥과 '후견관계'를 활용하지 않고서는 일을 진행하기 어렵다. 예를 들어 여권발행, 장학금이나 유학생 선발, 법률위반에 대한 처벌, 정부주관 사업 참여, 납품, 각종 사업 인허가 등에서 이러한 '후견관계'가 없으면 일처리가 어려운 것이다. 때문에 일부에서는 자신이 씨족, 부족, 지역 연고가 없어 '후견관계'에 포함되지 못했다면 뇌물이라도 사용해야 일이 진행된다는 인식이 자리 잡고 있다.

한편 중앙아 사회에서 인맥과 파벌을 형성하는 데 어떠한 연고가 더 우선시 되는지는 아직 명확하게 알려져 있지 않다. 다만 타지키스탄과 우즈베키스탄에서 실시한 한 조사에 따르면 가족, 친족, 개인적 우정, 직장연고, 교육(학벌), '후견관계' 등이 복합적으로 인맥 형성에 영향을 주는 것으로 나타나고 있다. 즉 현대 중앙아 사회에서 인맥형성은 유목사회 전통인 혈연, 씨족, 지역주의뿐만 아니라 다양한 연고가 작용하고 있다는 의미이다. 조사결과 평범한 일반인들의 인간관계에서 유대감은 지역, 씨족, 친족, 후원관계 순으로 영향력이 큰 것으로 나타났다. 여기서 지역이 씨족보다 우선순위에 나오는 것은 앞서 설명한 대로 타지키스탄과 우즈베키스탄이 과거 농경과 오아시스 도시의 정착민이 상대적으로 많이 거주했기 때문이다. 그러나 두 나라의 권력 엘리트 사회에서는 알려진 바와 같이 출신 지역을 중심으로 형성된 '후견관계'가 가장 큰 힘을 발휘하는 것으로 조사되었다[57] 그러나 이 조사가 2009년에 실시된 것을 고려해야 하며 사회변화에 따라 영향을 받을 것이다.

소련 시기 사회주의 이념과 공포정치에 인민들이 순응했던 것은 정치보복을 두려워했기 때문이다. 약 2,000만 명 이상을 숙청한 스탈린의 폭압 정치가 대표적이다. 이러한 소련 공포정치의 영향은 현재에도 이어져 중앙아인들의 정치적 무관심과 수동적 순응으로 나타나고 있다. 때문에 주민들은 대부분 민감한 정치문제에 대해서는 거의 의견을 내지 않으려 한다. 이렇듯 소련 시기 '후견관계'와 공포정치 유산은 유목문화의 가부장적 권위와 결합되면서 중앙아 국가들에서 공고한 권위주의 통치체제를 만드는 기반이 되었다.

### 권위주의 강대국 러시아, 중국의 영향

권위주의 강대국인 러시아, 중국에 둘러싸인 중앙아 국가들의 대외환경도 민주주의 발전을 가로막는 외부요인으로 거론되고 있다. 특히 권위주의 통치를 자국의 전통적이면서도 우월한 정치체제로 선전하는 러시아는 중앙아 권위주의 통치자들의 든든한 후원자이다. 또한 중앙아 국가들은 러시아의 정치문화와 제도를 많이 모방해왔다.

한편 푸틴은 우크라이나, 조지아, 몰도바 등 구소련권 국가에 서구 민주주의가 확산되는 것을 러시아 권위주의 체제에 대한 위협으로 간주해왔다. 그는 미국이 우크라이나, 조지아 등의 시민혁명을 조종, 지원하면서 친미 정권을 세우는 방법으로 러시아의 권위주의 체제를 무너트리려 한다고 주장한다. 때문에 구소련에 속했던 국가들의 민주주의 확산은 푸틴정권 안보에 위협이 되는 것이다. 또한 일부 정치가나 사상가들은 신의 사명을 받은 러시아가 타락하고 난잡한 서구 자본주의를 배격하고 세계를 구원해야 한다고 주장한다. 그들은 이를 실현하기 위해 개인의 자유보다는 국가를 우선하는 러시아식 권위주의 체제가 필요하다고 선전한다. 이러한 논리에서 보면 러시아가 중앙아 권위주의 정권을 보호하려는 것은 자국의 이익과도 직결되는 사안이다.

일부 중앙아 대통령들 또한 러시아를 자신들의 보호자로 생각하고 있다. 실제로 2022년 초 카자흐스탄에서 시민들의 시위가 발생하자 토카예프 대통령은 러시아가 주도하는 CSTO 평화유지군에 군대파병을 요청했다. 푸틴은 즉각 군대를 파병하며 지원에 나섰다. 뿐만 아니라 러시아는 2020년 부정선거에 항의하는 벨라루스 시민들의 시위에 군대를 파견하였다. 장기집권 중인 알렉산더 루카센코(Alexander Lukashenko) 벨라루스 대통령을 보호하기 위한 조치였다. 이처럼 러시아는 권위주의 국가들의 보호자 역할을 자처하고 있다. 뿐만 아니라 러시아는 다자협력체인 독립국가연합(CIS), 집단안보조약기구(CSTO), 유라시아경제연합(EAEU), 상하이협력기구(SCO)를 통해 중앙아 국가들을 자국 영향권에 두려고 노력하고 있다. 또한 양자대화를 통해 다양한 협력을 증진시키면서 궁극적으로는 러시아가 중심이 되는 하나의 시장, 하나의 안보기구에 중앙아 5개국을 재통합시키려는 계획이다. 중앙아 국가들은 역사, 문화, 군사, 경제, 물류, 에너지, 언어, 학문 등 거의 모든 분야에서 여전히 러시아에 대한 의존도가 높다. 또한 러시아는 키르기스스탄과 타지키스탄에 군대를 주둔시키며 군사안보적 주도권을 유지하고 있다. 러시아는 이러한 자원을 활용하여 중앙아에서 우월적인 영향력 유지하려 한다. 아울러 러시아는 중앙아 권위주의 정권을 보호하고 반대급부로 충성을 요구하고 있다.

중국 역시 자국의 권위주의 체제의 우월성을 선전하면서 주변국에서 민주화 시위가 발생하거나 친미 정권이 들어서는 것에 거부감을 갖는다. 그러나 중국은 중앙아 5개국이 러시아의 우선적 영향권이라는 점을 인정하고 정치, 안보적 개입에는 신중한 태도를 보이고 있다.

일부 전문가들은 중앙아 5개국이 서구 자유민주주의 국가들의 영향권에서 멀리 떨어져있어 민주주의 발전에 불리하다고 지적한다. 즉, 서구 국가들과 가까울수록 민주주의 발전가능성이 높다는 견해이다.[58] 중앙아 5개국이 미국과 유럽보다는 가까운 러시아나 중국의 권위주의 체제로부터 영향을 더 많이 받을 수밖에 없다는 것이다. 예를 들어 구소련권 국가들 중에 유럽과 가까운 몰도바, 우크라이나, 조지아 등에서는 상대적으로 민주주의가 발달했다. 그러나 유럽과 거리가 떨어져 있는 중앙아 5개국은 민주화가 가장 뒤처지고 있다. 다만 키르기스스탄은 유럽과 거리는 떨어져 있지만 서구문화와 연계성이 높았다. 독립 초기 키르기스스탄이 급격한 개방정책을 펼치면서 당시 서구문화가 대거 유입되었다. 이로 인해 NGO, 시민단체 활동이 활성화되고 서구와의 다양한 교류가 증가하면서 2005년 시민혁명으로 연결되었다는 분석이다.

### 관료제의 비효율성과 부정부패

카자흐스탄 등 일부 국가에서 관료제가 높은 수준의 전문성과 정책역량을 가지고 있다는 긍정적인 평가도 있다. 특히 이들 나라에서 관료제가 정착되면서 정책의 안정성과 예측 가능성, 공평성이 개선되었다는 주장이다.[59] 그러나 시민들을 비롯하여 전반적인 평가는 관료제의 비효율성과 부패에 대해 비판적이다. 관료제와 부패가 중앙아 사회의 능동성과 혁신을 가로막고 있다는 주장이 더 우세한 것이다. 복잡한 행정절차와 인허가 과정, 관료들의 고압적인 태도, 불투명한 정책결정과 집행, 뇌물과 인맥을 동원해야만 일이 진행되는 고질적인 문제들이 지적되고 있다. 중앙아 5개국에서도 이러한 관료제의 폐단이 심각하다는 평가다. 세계은행과 국제투명성기구는 중앙아 국가들을 매우 부패한 국가로 지목하고 있다. 중앙아 5개국의 부패 형태는 정부가 눈감아주는 탈세, 권력 엘리트들의 친인척과 측근들을 위한 특혜행정, 관료들의 뇌물수수 등 종류도 다양하다.[60]

우즈베키스탄에서는 관료사회에 일상화된 뇌물, 권력자나 부유층보다는 평범한 사람들에게만 엄격하게 적용되는 사법부의 재판결과에 대해 주민들의 불만이 누적되어 왔다. 최근 들어 우즈베키스탄 정부는 부패 문제를 국가발전과 주민들의 삶에 큰 타격을 주는 악습으로 규정하고 반부패법을 제정하는 등 대책을 강구하고 있다.

중앙아 5개국의 각종 규제와 인허가 과정에서 만연한 뇌물과 부패는 국가 기능을 왜곡시키고 경제, 사회적 활동을 가로막는 요인으로 거론되고 있다. 뇌물과 인맥을 동원하여 관료들을 매수하지 않으면 비즈니스 활동 자체가 힘들거나 시간이 오래 걸리는 경우가 적지 않다. 카자흐스탄의 경우, 부패한 사회주의 관료제의 잔재가 아직 남아있어 공무원들이 뇌물을 요구하는 것이 관행처럼 반복되고 있다는 지적도 있다.[61]

관료사회뿐만 아니라 대통령이나 권력 엘리트들의 친인척 비리도 만연해있다. 우즈베키스탄 카리모프 전 대통령 딸 굴나라 카리모바는 약 1721억 원에 달하는 뇌물혐의로 기소되었다.[62] 그녀는 외국계 이동통신사의 우즈베키스탄 영업허가를 도와주는 대가로 약 1조 2296억 원의 뇌물을 요구한 혐의를 받고 있다. 받은 뇌물은 해외에서 돈세탁을 하여 스위스 은행에 예치해 두었던 것을 미국과 스위스 검찰이 밝혀냈으며 이 돈은 유엔을 통해 우즈베키스탄에 반환될 예정이다. 그녀는 스위스 제네바에서 우즈베키스탄 유엔 대표를 맡아왔다. 이외에도 카자흐스탄 나자르바예프 전 대통령은 임기 내내 원유 수출을 대가로 글로벌 에너지 기업으로부터 거액의 외화를 챙겨왔다는 의혹을 받고 있다.[63] 키르기스스탄의 경우도 아카예프 전 대통령의 부인과 친인척이 관련된 기업이 약 180개에 이를 정도였다.[64] 바키예프 전 대통령은 친인척을 낙하산으로 요직에 앉혀 국가 조직과 자산을 사유화했다는 비판을 받았다.[65]

## I장 결론

살펴본 바와 같이 중앙아 5개국은 강력한 권위주의 체제를 구축하고 있다. 일각에서는 과거 이슬람 세습 왕국처럼 퇴행할 가능성에 대한 우려도 나오고 있다. 시간이 지날수록 부패와 불평등문제 등 권위주의 체제의 폐단이 심각해지고 있다. 향후 국내외 정치, 경제, 사회 환경 변화가 중앙아 국내정치에 어떤 압력으로 작용할 지도 주요 변수다. 무엇보다도 소련 전체주의에 길들여져 있던 부모 세대가 퇴장하고 글로벌 사회에서 태어난 신세대들의 부상이 국내정치 변화에 어떻게 작용할지도 주목된다. 이들은 부모 세대와는 달리 정부에 부패청산과 일자리 등 삶의 여건을 개선하도록 요구하고 있다. 중앙아 정부들도 이러한 요구를 계속 묵살하면서 현재와 같은 권력독점체제를 유지하기 어려울 것이다. 다행히도 일부 중앙아 국가들은 개혁을 위한 정책들을 발표하면서 변화하려는 자세를 보이고 있다. 아무리 강력한 권한을 가진 정권이라도 시민들과 시대의 변화요구를 계속 거스르기는 힘들기 때문이다.

1) Yuriy Malikov(2019), pp. 297-316.

2) Paul Stronski&Russell Zanca (2020), “Societal Change Afoot in Central Asia”. *Carnegie Endowment for International Peace.*

3) Mariya Y. Omelicheva, *Democracy in Central Asia: Competing Perspectives and Alternative Strategies* (University Press of Kentucky, 2015), pp. 73-88.

4) Paul Stronski&Russell Zanca (2020).

5) Paul Stronski&Russell Zanca (2020).

6) Yuriy Malikov(2019), pp. 5-26.

7) Yuriy Malikov(2019), pp. 27-56.

8) Paul Stronski&Russell Zanca (2020).

9) Sebastien Peyrouse; Emil Nasritdinov (2021), “Engaging with Muslim Civil Society in Central Asia: Components, Approaches, and Opportunities”, The United States Institute of Peace.

10) 고재남, “중앙아시아의 장기집권 권위주의 정치,” 『아시아지역리뷰』 3권 3호 (2020 9월호), 서울대 아시아연구소, pp. 1-6.

11) Yuriy Malikov(2019), pp. 57-80.

12) Jonathan Eales (2021), “The Rising Tide of Authoritarianism in Central Asia,” https://www.internationalaffairs.org.au/australianoutlook/the-rising-tide-of-authoritarianism-in-central-asia/, (검색일: 2022. 08. 22).

13) Freedom House (2021); Global Freedom Status (2021) https://freedomhouse.org/explore-the-map?type=fiw&year=2022, (검색일: 2022. 08. 20).

14) https://www.iphronline.org/trofimov-statement-june-2022.html, (검색일: 2022. 08. 12).

15) 이평래, “국경 없는 기자회, 유라시아에 언론 자유가 사실상 없다고 평가,” (KIEP, 2020. 05. 01), https://www.emerics.org:446/issueDetail.es?brdctsNo=302864&mid=a10200000000&&search_option=&search_keyword=&search_year=&search_month=&search_tagkeyword=&systemcode=04&search_region=&search_area=¤tPage=1&pageCnt=10, (검색일: 2022. 08. 22).

16) Kirill Krivosheev (2022), “Crises in Central Asia Belie the Region’s Ability to Democratize,” https://carnegieendowment.org/politika/87495, (검색일: 2022. 08. 22).

17) https://freedomhouse.org/country/kazakhstan/nations-transit/2022, (검색일: 2022. 09. 20).

18) Savia Hasanova, Altynai Mambetova (2020), “In Central Asia, the ever-growing chasm of inequality is deepening”,

https://www.opendemocracy.net/en/odr/central-asia-ever-growing-chasm-inequality-deepening/(검색일: 2022.06.07.)

19) 임형백, "중앙아시아 5개국의 형성과 분화" 『아시아연구』 17-2 (2014), pp. 153-178.

20) Dilip Hiro(2011), pp. 192-133.

21) Kukeyeva, Fatima, Oxana Shkapyak, "Central Asia's Transition to Democracy," *Procedia-Social and Behavioral Science* 81 (2013), pp. 80-82.

22) Collins, Kathleen, *Clan Politics and Regime Transition in Central Asia* (Cambridge University Press, 2006). pp. 241-261.

23) Dilip Hiro, Inside Central Asia, (Harry N. Abrams, 2011), pp. 125-191. 우즈벡

24) Francisco Olmos (2020), "Passing on the authoritarian torch: power transition in Central Asia," https://theconversation.com/how-central-asias-authoritarian-regimes-have-used-coronavirus-to-their-advantage-138498, (검색일: 2022. 08. 20).

25) Bruce Pannier (2018), "How Shavkat Mirziyoev Became Uzbekistan's Supreme Leader," https://www.rferl.org/a/uzbekistan-mirziyoev-consolidation-of-power/29016113.html, (검색일: 2022. 09. 20).

26) Joanna Lillis (2019), "Kazakhstan: Nazarbayev takes back control, Eurasianet," https://eurasianet.org/kazakhstan-nazarbayev-takes-back-control. (검색일: 2022. 10. 10).

27) Annette Bohr (2016), "Turkmenistan: Power, Politics and Petro-Authoritarianism," Chatham House, March https://www.chathamhouse.org/sites/default/files/publications/research/2016-03-08-turkmenistan-bohr.pdf, (검색일: 2022. 07. 10).

28) Kamila Ibragimova (2022), "Tajikistan: President's son adopts growing role on center stage," https://eurasianet.org/tajikistan-presidents-son-adopts-growing-role-on-center-stage, (검색일: 2022. 10. 10).

29) Catherine Putz (2021), "Nations in Transit: Central Asia Remains Locked in Consolidated Authoritarianism," https://thediplomat.com/2021/04/nations-in-transit-central-asia-remains-locked-in-consolidated-authoritarian/, (검색일: 2022. 07. 10).

30) Daniel L. Burghart, Theresa Sabonis-Helf (eds.), Central Asia in the Era of Sovereignty, (Lexington Books, 2018), pp. 415-428.

31) 이재영·신현준·김선영,「우즈베키스탄의 정치·경제 현황과 경제협력방안」(KIEP, 2005)

32) "토카예프 카자흐 대통령, 12일 취임식…70.96%로 대선 승리," YTN, https://www.yna.co.kr/view/AKR20190611148400080, (검색일: 2022. 08. 22).

33) 조영관, 「국가신용도 평가리포트」(한국수출입은행 해외경제연구소, 2020) p. 12.

34) 김상원, "카자흐스탄의 경제 성장과 다각화 전략," 『아시아리뷰』9(1) (2019), p. 71.

35) "인구 절반 30세 이하·천연자원 풍부…'황금알 우즈베크' 투자 급증," 매일경제 (2022-07-18), https://www.mk.co.kr/news/economy/view/2022/07/629586/,(검색일: 2022. 08. 22).

36) 김영진, "자원기반 경제에서의 경제발전의 성과와 한계: 투르크메니스탄의 에너지 정책을 중심으로,"『중소연구』42(3) (2018), p. 321.

37) Clare O'Brien, "Poverty and social justice in central Asia," *Journal of Poverty and Social Justice* vol. 23, no. 2 (2015), pp. 83-88.

38) Savia Hasanova, Altynai Mambetova (2020), "In Central Asia, the ever-growing chasm of inequality is deepening,"

39) Dilip Hiro, Inside Central Asia, (Harry N. Abrams, 2011), pp. 125-191. 우즈벡

40) KIEP, 「중앙아 주요국의 경제발전전략과 경협 확대방안」(2016) p. 57, 69

41) Wayne McLean, "Authoritarianism, Energy and Ideas in Central Asia: From Politics and Pipelines to Foreign Policy," *Russia, Eurasia and the New Geopolitics of Energy* (2015), pp. 166−188

42) 황영삼, "투르크메니스탄의 정치변동과 정치전통에 관한 분석,"『슬라브研究』 vol.33, no.1 (2017), pp. 95-128.

43) UNESCO SCIENCE REPORT, "Chapter 14: CENTRAL ASIA," 「The race against time for smarter development」(2022) pp. 367-390.

44) Collins, Kathleen, *Clan Politics and Regime Transition in Central Asia* (Cambridge University Press, 2006), pp. 62-100.

45) 박상남. 2010."카자흐스탄 정치엘리트 연구." 이재영, 고재남 외, "카자흐스탄 정치 엘리트와 권력구조 연구," 『전략지역심층연구』 09-03 (대외경제정책연구원, 2010), p. 24.

46) 성동기, "유목문화가 카자흐스탄과 투르크메니스탄 독재체제 형성에 미친 영향 분석," 『슬라브학보』vol. 37, no. 2 (2022) pp. 193-196.

47) 고재남 (2020), pp. 1-6.

48) A. Dashdamirov, "Soviet Patriotism," in Martha Brill Olcott, Lubomyr Hajda, and Anthony Olcott (eds.) *The Soviet Multinational State Edition 1st* (New York: Routledge, 1990)

49) Neil Melvin, "Patterns of Centre-Regional Relations in Central Asia: The Cases of Kazakhstan, the Kyrgyz Republic and Uzbekistan," *Regional & Federal Studies* vol. 11, no. 3 (2001), pp. 173-174.

50) Eric Mcglinchey (2008), "Patronage, Islam, and the Rise of Localism in Central Asia", *PONARS Eurasia Policy Memo No. 2*

51) Aksana Ismailbekova, *Blood Ties and the Native Son: Poetics of Patronage in Kyrgyzstan* (Indiana University Press, 2017)

52) Neil Melvin (2001), pp. 173-174.

53) Marlene Laruelle, "Discussing neopatrimonialism and patronal presidentialism in the Central Asian context," *Demokratizatsiya* vol. 20, Issue. 4 (Fall 2012).

54) "The Fading Personality Cult of Nursultan Nazarbayev" https://cabar.asia/en/the-fading-personality-cult-of-nursultan-nazarbayev. (검색일: 2022. 07. 20).

55) 이지은, "투르크메니스탄 권위주의체제 연구," 『아시아문화연구』제22집 (2011), p. 155.

56) Rano Turaeva, "Economy of favours in Central Asia: Tanish-bilish, kattalar and kichkina," *Economic Sociology, Perspectives and Conversations* vol. 23, no. 3 (July 2022)

57) İdil Tunçer-Kılavuz, "Political and social networks in Tajikistan and Uzbekistan: 'clan', region and beyond," *Central Asian Survey* 28:3 (2009), pp. 323-334.

58) Steven Levitsky and Lucan Way, "International Linkage and Democratization," *Journal of Democracy* vol. 16, no. 3 (July 2005)

59) Colin Knox, Saltanat Janenova, "Does bureaucratic performance vary across authoritarian regimes?," *Asia Pacific Journal of Public Administration* (2022)

60) Rune Steenberg, "Legitimate Corruption: Ethics of Bureaucracy and Kinship in Central Asia," *Studies of Transition States and Societies* vol. 13, no. 1 (2021)

61) "방찬영 키멥대 총장 인터뷰: 부패한 나라일수록 비리 찾는 능력도 발달 오히려 투명성과 직원 교육으로 승부하라," 동아비즈니스리뷰, (2013-07), https://dbr.donga.com/article/view/1901/article_no/5861/ac/magazine (검색일: 2022. 08. 23).

62) https://www.mk.co.kr/news/world/view/2022/08/728968/. (검색일: 2022. 08. 17).

63) 손택균, "카자흐스탄 30년 통치한 나자르바예프 대통령 전격 사임," 동아일보 (2019-03-19), https://www.donga.com/news/Inter/article/all/20190319/94639303/1 (검색일: 2022. 08. 23).

64) 김인성, "중앙아시아의 정치제도와 체제변화," 한국민족연구원, (2009- 01-15), http://www.nationsworld.kr/bbs/board.php?bo_table=academy&wr_id=55709&page=2 (검색일: 2022. 08. 23).

65) 박희석, "대통령 2명 축출한 '1·2차 튤립 혁명'의 열매는 '형식적 민주화'뿐… '부정부패'와 '언론 탄압'은 심화," 월간조선 (2018-10), http://monthly.chosun.com/client/news/viw.asp?ctcd=&nNewsNumb=201810100048 (검색일: 2022. 08. 23).

# Ⅱ. 이슬람이 정치·사회에 주는 영향

## 1. 유목문명과 이슬람의 만남, 그리고 근대화

### 근대화에 앞선 중앙아 이슬람

중앙아 이슬람은 근대화에 앞선 종교로 평가받는다. 서구 국가에 의해 근대화된 여타 이슬람 국가들에 비해 소련 사회주의 체제에서 근대화된 중앙아 이슬람이 앞선 부분이 있다는 평가다. 우선 중앙아 국가들은 정치와 종교가 분리된 세속주의 국가이다. 이슬람이 신앙의 영역뿐만이 아니라 정치 분야까지 장악하고 있는 일부 다른 지역 국가들에 비해 중앙아 국가들이 상대적으로 자유롭다. 현재 중앙아 5개국 정부들도 이슬람이 정치에 관여하는 것을 엄격하게 금지하고 있다. 또한 중앙아에서 여성의 교육과 사회적 진출도 다른 이슬람권에 비해 상대적으로 우수하다는 평가를 받는다.

과거 평등을 중시했던 소련은 사회주의 이념을 중앙아에 정착시키기 위해 정치와 종교를 분리하는 세속주의,[1] 여성의 사회진출 확대, 의무교육 실시 등 근대화 정책을 강력하게 추진했다. 또한 종교를 인정하지 않았던 소련은 중앙아 사회에서 이슬람 전통과 관습, 종교의 영향력을 제거하고 그 자리에 사회주의를 이식시키려고 노력했다.[2] 특히 소련은 여성 노동력을 활용하기 위해 이슬람 여성의 권리를 파격적으로 신장시켰다. 덕분에 여성들은 사회적 지위가 향상되었지만 가정으로 돌아오면 여전히 이슬람 관습에 따라야 했다. 때문에 중앙아 여성들은 사회에서는 현대적인 소련 시민으로 활동 하였지만 집에서는 이슬람 규율에 따라 생활했다.[3]

현재도 중앙아 여성들은 현대여성과 이슬람여성의 역할을 병행하는 이중생활을 하고 있다. 더욱이 독립한 중앙아 국가들이 이슬람 전통을 강조하면서 소련 시기 개선되었던 여성의 권리가 후퇴하는 조짐도 일부 나타나고 있다. 일부 국가들에서는 남녀 교육 불평등도 다시 불거지고 있는데, 타지키스탄에서는 최종학력이 초등학교에 그친 여아의 수가 남아보다 두 배나 많다(여아 8,863명, 남아 4,717명). 특히 지방이나 오지에서 태어난 여아의 취학률은 더욱 낮은 편이며 조혼, 임신, 젠더 차별로 인해 중·고등학교를 중퇴하는 여아들의 비율도 높은 것으로 추정되고 있다. 전통적으로 남아 교육을 우선하는 지역 관습이 반영된 결과로 분석되고 있다.[4]

한편 최근 연구에서 현재 중앙아 무슬림들이 다른 지역 이슬람에 비해 상대적으로 개방적이고 민주적이라는 조사 결과가 있다.[5] 카자흐스탄, 키르기스스탄, 타지키스탄, 우즈베키스탄 이슬람 시민단체를 심층 인터뷰한 결과이다. 이 조사에 따르면 중앙아 무슬림들은 서구 시민단체와 다양한 활동을 함께 할 수 있을 정도로 온건하며 민주적인 경향을 보였다. 그들은 자신들의 전통을 존중한다면 서구시민단체와 얼마든지 협력하겠다는 입장을 보였다. 특히 정부가 공인하지 않은 이슬람 단체는 자신들을 의심하는 정부와 거리를 두면서 독자성을 유지하겠다는 의지를 보였다. 또한 그들은 반정부 활동이 아니라면 서구시민단체와 자선활동이나 개발지원 사업을 함께 할 의향을 가지고 있었다. 아울러 중앙아 이슬람 단체는 부패와 실정, 빈부격차, 사회보장 문제, 종교에 대한 국가의 간섭 등에 대해 비판적이었고 민주주의 확대를 원했다.

그런데 여기서 주목할 것은 중앙아 이슬람 단체지도자들이 요구하는 민주주의가 권력분립, 장기집권 종식, 언론의 자유 등 서구식 민주주의가 아니라 대부분 민생과 관련된 정부의 정책실패와 종교 활동에 정부가 간섭하지 말라는 것이다. 특히 그들이 서구시민단체들과의 협업을 원하면서도 반정부 활동에는 분명한 선을 긋는 것도 같은 맥락으로 이해할 수 있다. 때문에 중앙아 무슬림들이 원하는 민주주의 확대는 서구적 기준과는 다르다는 점에 주목할 필요가 있다.

또한 중앙아 무슬림 단체들은 이슬람 전통문화를 강조하며 여성의 사회적 진출과 젠더 평등에 대해서는 보수적 입장을 보인 것도 눈여겨 볼 필요가 있다. 젠더 평등에 관한 그들의 불평등한 시각이 드러나고 있기 때문이다. 그러나 보고서의 전체적인 내용은 경직된 다른 이슬람 국가들에 비해 중앙아 4개국 이슬람이 보다 유연하고 열린 자세를 가지고 있다는 점을 보여주고 있다.

### 유목문화와 이슬람의 융합

중앙아 사람들의 내면을 이해하려면 유목문화, 이슬람, 소련 지배 등 세 가지 요소의 영향을 알아야 한다고 한다. 그만큼 이슬람은 중앙아인의 일상생활은 물론 정치, 사회에 많은 영향을 주고 있다. 현재도 이슬람은 시민들의 사회생활은 물론 신생독립국의 국민정체성 형성과 국가 운영에 막대한 영향을 미치고 있다. 이슬람은 중앙아인들의 주류신앙이면서 동시에 전통적 관습

처럼 주민들에게 받아들여지고 있다.[6)]

앞에서 설명하였듯이 이슬람이 전파되기 이전부터 초원의 유목민들과 소그드인들은 개방적인 다원적인 종교관을 가지고 있었다. 그래서 중앙아 초원에는 조로아스터교, 불교, 마니교, 네스토리우스교 등 다양한 종교가 유입되어 공존했다. 더 나아가 유목민들은 외래종교에 자신들의 전통적 민간신앙인 샤머니즘, 애니미즘, 토테미즘, 천신신앙(텡그리), 조상숭배사상을 결합시켰다. 초원의 민간신앙은 전반적으로 초자연적, 신비주의적, 영적인 동시에 체험을 중시하는 경향성을 가졌다고 전해진다. 광활한 초원이라는 변화무쌍하고 혹독한 자연 속에서 소규모 가족단위 목축을 했던 유목민들의 삶이 반영된 결과이다. 유목민들은 거친 날씨와 기후조건에서 살아남는 것에 감사하면서 신앙심을 키웠다. 그들은 자신들의 생계와 생존을 좌우하는 자연과 가축을 존중하였고 더 나아가 신앙의 대상으로 숭배했다.[7)] 현재도 중앙아 초원길, 우물가, 산에서는 이와 연관된 민간신앙의 흔적들을 쉽게 발견할 수 있다.

7세기 중앙아에 전파된 이슬람 역시 이러한 유목민의 전통과 민간신앙에 동화되면서 다른 지역과는 다른 특성을 가지게 되었다. 대표적으로 중앙아에서 발전한 수피즘(Sufism)은 엄격한 율법을 강조하는 다른 지역 이슬람에 비해 상대적으로 유연하고 개방적인 초원문명의 특성이 반영되어 있다.[8)] 예를 들어 중앙아 수피즘은 신비주의적, 체험적인 동시에 수행과 명상을 중요시 한다. 중앙아 수피즘은 정통 이슬람에서는 허용하지 않는 노래와 춤이 사용되고 관용과 나눔을 중시하고 상대주의적인 사고체계를 가지고 있다.[9)] 이는 포용적이며 대자연을 신비주의적으로 바라보고 명상을 즐겼던 유목민의 전통이 결합된 결과로 볼 수 있다. 또한 이슬람 전파 이전에 이 지역의 주류 종교 중에 하나였던 불교의 영향을 받아 수행과 명상이 중시되었을 것으로 추정할 수 있다. 노래와 춤을 즐기는 것 역시 유목민의 전통과 연관성이 있다.

이처럼 중앙아 초원문명의 특성이 반영된 중앙아 이슬람은 수피즘이라는 독특한 특성을 가지게 되었다. 낙쉬반디야(naqshbandiyah)를 비롯하여 대부분의 수피즘 종단이 기원을 중앙아에 두고 있는 것도 이 때문이다. 중앙아 수피즘은 엄격한 율법에서 상대적으로 자유롭고 신앙과 실천의 문제를 명확히 구분한다. 이들은 이슬람의 전통적인 율법을 존중하면서도 형식을 배격하고 신자의 내면적 각성과 코란의 신비주의적 해석을 강조한다. 또한 금욕, 청빈, 명상 등을 중요하게 여긴다.

사진13. 중앙아 샤머니즘 상징물(사진: 고동일)

깨달음을 얻기 위해 교리적 지식보다는 진정한 자아를 찾는 수행과 명상을 중시하는 수피즘은 중앙아 유목사회의 전통과 민간신앙 요소를 많이 반영하고 있다.[10] 이렇게 초원문화에 동화된 수피즘은 중앙아인들의 마음과 생활 속에 뿌리내릴 수 있었다.[11]

### 카자흐, 키르기스에서 상대적으로 이슬람의 영향이 약한 이유

중앙아의 이슬람 전파는 오아시스 지역에 비해 초원지대에서 상대적으로 늦게 이루어졌다.[12] 유목민들이 넓은 초원에 흩어져 살았기 때문에 전파에 시간이 걸렸기 때문이다. 오아시스 정착민 지역에서는 이슬람 전파가 7-8세기 시작되어 비교적 일찍 마무리 되었다. 반면 광활한 초원유목지대에서는 16-19세기까지도 이슬람 전파가 끝나지 않을 정도로 진행이 늦었다.[13] 이러한 전파시간의 차이는 오늘날 이슬람이 지역사회에 미치는 영향력의 크기로 연결되고 있다. 현재까지도 초원 지대인 카자흐스탄과 키르기스스탄 사회에서 이슬람의 영향이 상대적으로 약한 반면 오아시스 지역이었던 우즈베키스탄, 타지키스탄 사회에서는 강하게 나타나고 있다. 초원지대에서는 지금도 유목문화와 민간신앙의 전통이 상대적으로  강하게 남아있다.[14]

한편 오랜 기간 중앙아 유목 세계를 하나로 통합해주던 이슬람은 1991년 독립 이후 개별국가의 민족주의를 고양시키는 데 이용되고 있다.[15] 역사적으로 개방적이었던 중앙아 이슬람은 누구든 신앙이 같으면 민족, 부족, 지역과 상관없이 같은 형제로 받아들이는 포용성을 가지고 있었다. 때문에 이슬람은 중앙아 초원을 하나로 묶어내는 종교적, 정신적 연대의 상징이었다.[16] 그러나 독립한 중앙아 5개국이 민족주의를 고양시키면서 이슬람의 통합기능이 약화되고 있다. 독립 초기에는 일부 중앙아 국가들에서 비이슬람 신자들에 대한 차별 정서가 형성되기도 하였다. 때문에 당시 이슬람을 믿지 않았던 러시아인, 한인들이 중앙아를 떠나 이주를 택하기도 했다. 이렇듯 과거 중앙아 초원을 하나의 형제로 묶어주던 이슬람은 독립 이후 중앙아 5개국 각자의 민족주의를 고양시키는 데 기여하고 있다.[17] 현재 중앙아 젊은 세대에서 국가별 민족주의가 강화되는 것도 이슬람의 영향과 무관치 않을 것이다.

## 2. 생활과 정치영역에서 종교의 역할

### 생활문화와 이슬람

이슬람은 중앙아 주민들의 정신세계는 물론 생활문화에 많은 영향을 주고 있다.[18] 중앙아 5개국에서 이슬람은 종교의 영역을 넘어 개인의 삶과 사회관계에까지 영향을 미친다. 과거 소련 정부의 강력한 통제 아래서도 살아남은 이슬람은 집단농장과 마할라 등 주민들의 생활공동체 안에서 위계질서와 사회관계를 관장하는 사회규범 역할을 했다. 때문에 소련 시절에도 중앙아 일상생활에서 이슬람이 사회주의보다도 더 많은 영향력을 가지고 있었다.[19]

이슬람은 중앙아인의 성장기 정체성 형성에서부터 절대적인 영향을 주었다.[20] 어린 시절부터 각인된 종교적 영향은 개인의 삶에 평생 영향을 줄 수밖에 없다. 중앙아 사회에서 올바른 삶이란 이슬람 전통과 관습에 따라 사는 것을 의미한다.[21] 그러나 사회주의 소련에 의한 근대화 영향으로 중앙아에서는 이슬람뿐만 아니라 현대적인 사고방식도 중요한 사회 규범이 되었다. 때문에 근대교육을 받은 중앙아인들은 이슬람 전통과 현대적 사고방식이라는 2가지 삶의 기준을 가지고 있다. 공적 업무나 사회생활에서는 현대적 사고에 따르지만 사적 생활은 이슬람 전통에 따라 생활하는 것이다.

과거 소련은 중앙아에서 이슬람을 지우고 사회주의와 세속주의를 주입시키기 위해 이슬람과 관련된 기관이나 시설을 폐쇄했다. 또한 소련은 이슬람 종교 지도자와 종교행위를 혹독하게 탄압했다. 그러나 소련은 제2차 세계대전이 발발하여 군대와 전쟁물자를 동원하기 위해 이슬람을 이용할 필요성이 생기자 한시적으로 탄압을 중지하기도 하였다. 아울러 1943년 소련정부는 타슈켄트에 '중앙아시아 무슬림 종무국'을 세워 국가가 통제하는 '공식 이슬람'을 만들었다.[22] 소련은 이밖에 국가가 공식 인정하지 않은 종교단체를 이단으로 여기고 탄압하였다. 그러나 비공인 이

사진14. 부하라의 이슬람 성전사진(사진: 주현성)

슬람은 소멸되지 않고 중앙아인들의 생활 속에 살아남아 전통적인 생활풍습(출생, 결혼, 장례, 전통 의례, 종교적 의식)을 관장하고 있다.

한편 소련이 붕괴되고 독립한 중앙아 신생국들이 이슬람이 전통을 강조하면서 여성의 권익이 후퇴하고 있다는 우려가 제기되고 있다. 예를 들어 우즈베키스탄은 여성의 사회적 역할을 제한하려는 움직임을 보이고 있다.[23] 또한 일부 국가는 가정폭력이나 성폭력으로부터 여성의 권리를 보호할 법적장치가 미비한 실정이다. 한때 우즈벡 여성이 출국하려면 부모 또는 남편의 허가가 필요하기도 했다.[24] 키르기스스탄의 경우 과거 악습이었던 여성을 납치해 결혼하는 행위가 형법상 금지되어 있음에도 여전히 근절되지 않고 있다. 2021년 4월에도 납치된 여성이 시신으로 발견되면서 시위가 벌어지기도 하였다.[25]

### 권위주의 정권의 정당성을 강화하기 위한 이슬람

중앙아 권력자들의 장기집권과 권력세습에도 중앙아 시민들이 큰 저항 없이 지지를 보내는 이유는 무엇일까? 여기에 대한 답을 중앙아 민주주의의 미성숙으로만 설명하기는 어렵다. 앞서 언급하였듯이 민주주의에 대한 중앙아 시민들의 생각이 서구와 다르다는 점도 고려해야 한다. 여기에 대한 좀 더 적절한 답은 대다수 중앙아 시민들이 권위주의 통치를 과거 전통에서 내려오는 관습처럼 받아들이는 경향에서 찾을 수 있다. 그 이유는 앞 절에서 설명한 바와 같이 중앙아의 권위적 정치문화 형성에 유목문화의 가부장적 위계질서, 이슬람의 관습, 소련 전체주의 영향이 복합적으로 작용하였기 때문이다. 중앙아 시민들에게 권력 독점과 장기집권은 특별히 이상한 일이 아닌 것이다.

특히 독립 이후 중앙아 권위주의 정권들은 자신들의 장기집권을 정당화하고 주민들의 충성을 이끌어내기 위해 이슬람을 적극 활용했다. 종교, 전통, 관습기능을 동시에 하면서 시민들에게 영향력이 큰 이슬람은 자신들의 집권을 정당화하기 위한 좋은 수단이었다. 반면 중앙아 정권들은 이슬람이 정치에 개입하는 것을 극도로 경계하며 강력하게 탄압하고 있다. 일부 이슬람 국가들처럼 종교가 정치까지 장악할 경우 자신들의 정권을 잃을 수 있기 때문이다. 그들이 원하는 이슬람은 독자적인 종교단체가 아니라 정치권력에 종속된 통제된 종교단체이다. 이에 저항하는 이슬람 정치단체나 비판세력은 극단주의로 몰려 제거되었다.[26]

독립 이후 중앙아 국가들의 이슬람 정책은 다음과 같은 두 가지 정책목표를 달성하기 위해 소련의 통치방식을 차용하였다. 첫째, 이슬람의 독립적 활동을 모두 차단하고 정부 통제하에 둔다. 둘째, 이슬람을 정권 홍보와 국가 운영에 활용한다.[27]

일반적으로 권위주의 정권은 종교를 자신들의 독재를 정당화하는 논리로 이용하는 경우가 적지 않다.[28] 과거 유럽의 절대왕정도 권력 강화를 위해 신과 종교적 영성을 이용했다. 러시아 역시 주민들의 정교 신앙을 장기집권을 정당화하고 실정을 가리는 방패막이로 사용하고 있다는 비판을 받고 있다. 권력자들은 성직자를 앞세워 국민들이 정권과 대통령을 지지하도록 선전하고 있다. 일부 성직자들은 정권에 복종하는 것을 신앙적 의무로 포장하기도 한다. 더 나아가 러시아 일부에서는 푸틴대통령을 신이 보낸 수호성인이나 선지자라고 추켜세우는 경우도 있다. 모두 주민들이 권력에 복종하도록 하려는 정치공작의 일환이라는 지적이다. 러시아와 중앙아 5개국에서 종교가 정치권력에 종속되어 있다는 지적을 받는 이유도 여기에 있다. 지금도 일부 국가에서 종교는 권력자들의 실정을 감추고 국민들의 불만을 억제하는 주요 수단으로 활용되고 있다.

중앙아 대통령들은 이슬람 신앙에 충실한 종교지도자, 선지자적 이미지를 차용하여 자신의 카리스마적 리더십을 더욱 강화하고 있다. 때문에 중앙아에서 부족장과 종교지도자의 이미지를 함께 가지고 있는 대통령을 비판하고 반대하는 것은 매우 어려운 일이다. 이런 배경 때문에 중앙아 대통령들은 행정부 수반을 넘어 종교적, 전통적 카리스마까지 획득한 지도자로 추앙받기도 한다. 중앙아에서 대통령은 모든 권력의 출발점이고, 합법과 불법의 기준일 뿐만 아니라 이슬람 정체성의 상징이자 예언자와 같은 존재로 인식되는 경우도 있다.

이러한 대통령 1인 중심의 정치체제 아래에서 권력 엘리트들과 관료들은 법에 따르기보다는 오로지 통치자 개인에 대한 충성경쟁에 나설 수밖에 없다. 이 경우 국가 운영이 국민을 위하기보다는 대통령 개인과 그의 가족을 위해 진행될 수밖에 없다. 일반적으로 법치국가에서는 대통령의 권한 행사도 법과 절차에 따라 행사된다. 때문에 대통령의 사적 이해관계나 감정 등을 배제하고 공무를 공정하게 운영하지 않으면 법적 책임이 따른다. 그러나 과거 투르크메니스탄, 카자흐스탄, 우즈베키스탄 초대 대통령들은 법위에 군림하는 초월적인 존재로 각인되기도 하였다.

**비판세력과 정적제거를 위한 수단**

독립 초기 중앙아 정부들은 이슬람 저항운동을 차단하기 위해 정부 통제를 받지 않고 자유로운 종교 활동을 추구했던 비공인 이슬람을 불법화하고 탄압하였다.[29] 중앙아 국가들은 이슬람 극단주의, 또는 이슬람 혁명으로 자신들의 정권이 위협받는 상황을 가장 두려워한다. 야당이나 반정부 단체가 자유롭게 활동할 수 없는 중앙아 국가들에서 정권의 가장 큰 경쟁 세력은 주민들에게 영향력이 큰 이슬람이 될 수 있기 때문이다. 때문에 독립 초

기부터 중앙아 국가들은 종교정당의 창당을 불허했고 외부 유입 종교 활동도 면밀히 감시했다.[30)]

중앙아 국가들은 비판적인 종교단체나 야당세력에 대한 정치 보복이 필요할 때도 이슬람 극단주의 프레임을 사용하였다.[31)] 우즈베키스탄 초대 대통령은 집권초기 경쟁 파벌과 비판 세력들을 테러 집단으로 몰아 제거하면서 장기집권의 기반을 닦았다.[32)] 우즈베키스탄은 한때 이슬람운동(IMU)을 탄압하면서 약 6,000명의 종교인을 가둔 적도 있었다. 독립 초기 종교자유를 인정하는 듯 했던 카자흐스탄도 2000년대 들어서자 정적들을 이슬람 극단주의 죄목으로 제거하였다.[33)] 카자흐스탄은 현재도 공공장소에서 이슬람 종교의식과 의상은 물론 턱수염을 기르는 것까지 통제하고 있다.[34)] 그만큼 이슬람의 정치적 영향력 확산을 경계하고 있는 것이다.

반면 이슬람의 영향이 상대적으로 강한 우즈베키스탄은 최근 들어 공공장소에서 종교 의상과 의식을 허용하는 추세이다. 미르지요예프는 2016년 집권이후 수감된 이슬람 신자와 반체제 인사를 사면하는 등 비교적 온건한 종교 정책을 펴고 있다. 그러나 정권에 위협이 될 수 있는 이슬람의 정치세력화에는 강경한 입장이다.[35)] 그는 계몽을 통해 우즈베키스탄이 이슬람 문명의 중심지로 발전해야 한다고 강조하며 타슈켄트에 이슬람 문명 센터를 건설하고 있다.[36)] 또한 인터넷 온라인 등으로 이슬람 선교가 활성화 되도록 정부가 지원하고 있다. 그러나 이러한 이슬람 부흥정책이 오히려 여성의 권리를 위축시키고 있다는 지적을 받고 있다. 소련 시기부터 금지했던 길거리나 공공장소에서의 히잡 착용을 허용하면서[37)] 이를 권장하는 보수적인 사회적 분위기가 강해지고 있다는 지적이다. 미르지요예프의 이슬람 부흥정책도 집권 초기 국민의 단결과 지지를 끌어내기 위한 것으로 볼 수 있다. 특히 종교를 내세워 국민들의 불만을 잠재우고 권력에 순응하도록 하려는 익숙한 관행의 반복일수도 있다. 때문에 우즈베키스탄의 유화적인 이슬람 정책이 종교 활동의 자유로 이어질지는 좀 더 지켜보아야 한다.

독립 직후 이슬람 세력과 구(舊)공산 세력의 내전을 겪은 타지키스탄은 이슬람 부흥당(IPRT)의 정당 등록을 허용하였으나 2015년부터는 입장을 바꿔 불법단체로 규정하면서 강경하게 돌아서고 있다. 전문가들은 라흐몬 대통령이 정권 안보를 위해 이슬람의 정치적 영향력을 차단하려는 조치로 보고 있다.[38] 그러나 중앙아 일부에서 일어나는 이슬람 저항운동은 극단주의 단체의 소행이기보다는 빈부격차와 부패, 대중의 정치참여 제한 등 실정과 강압통치에 대한 항의가 대부분이라는 평가다. 한편 중앙아 5개국은 중동 등 이슬람 세계를 대상으로 한 외교정책과 투자유치에도 종교를 적극 활용한다.

### II장 결론

중앙아 이슬람은 유목문명의 개방성과 유연성이 융합된 종교이다. 때문에 중앙아 이슬람은 다른 지역처럼 경직된 교리적용보다는 유목민의 자유롭고 체험적인 민간신앙과 명상, 수행 등의 특성이 반영되었다. 더욱이 중앙아 이슬람은 소련에 의해 근대화 과정을 거치면서 정치와 종교가 분리되고 여성의 권익 보호가 상대적으로 개선되었다는 평가를 받는다. 중앙아 5개국에서 이슬람은 주민들의 신앙 세계는 물론 사회, 정치영역에서 지대한 영향을 미치고 있다. 최근 들어 이슬람 민족주의가 강화되면서 일부 국가에서는 신자수가 증가 중이다. 그러나 일부 국가에서 이슬람이 보수화되면서 사회주의 소련시기 개선되었던 젠더 평등을 약화시키고 있다는 비판도 받고 있다. 현재 일부국가에서 이슬람은 권위주의 정권을 정당화하고 실정을 덮는 데 활용되기도 한다. 또한 중앙아 정권들은 정적과 비판세력을 제거하는 목적으로 이슬람 극단주의 프레임을 사용한다. 정권의 입장에서 이슬람은 국민들의 충성을 이끌어내는 유용한 수단이기도 하지만 반대로 최대의 정적으로 돌변할 수 있는 이중적 성격을 가지고 있다. 그만큼 중앙아 이슬람은 주민들에게 많은 영향력을 가지고 있다.

1) Mansur Mirovalev, "Rise In Islamization In Uzbekistan Has Progressives, Ethnic Russians Concerned," Radio Free Europe (2021-11-04), https://www.rferl.org/a/uzbekistan-islamization-russians-worried/31546243.html, (검색일: 2022. 11. 22).

2) Aniruddha Sen Gupta, "The complicated history of Islam in Uzbekistan," The Caravan (2021-05-01), https://caravanmagazine.in/religion/complicated-history-islam-uzbekistan, (검색일: 2022. 11. 22).

3) 이현숙, "소비에트 초기 중앙아시아 여성 정책과 정체성", 『아시아여성연구』vol. 52, no. 1 (2013) pp. 163-189.

4) Savia Hasanova, Altynai Mambetova, "In Central Asia, the ever-growing chasm of inequality is deepening," Open Democracy (2020-10-13), https://www.opendemocracy.net/en/odr/central-asia-ever-growing-chasm-inequality-deepening/, (검색일: 2022. 11. 22).

5) Sebastien Peyrouse; Emil Nasritdinov, "Engaging with Muslim Civil Society in Central Asia: Components, Approaches, and Opportunities", The United States Institute of Peace (2021)

6) Kathleen Collins and Erica Owen, "Islamic Religiosity and Regime Preferences," *Political Research Quartely* vol. 65, no. 3 (September 2012), pp. 1-3.

7) Басилов В.Н.(1992.), Шаманство у народов Средней Азии и Казахстана. - М.: Наука, 참조. 장준희, "중앙아시아 이슬람 문화의 성격," 『한국이슬람학회논총』20(3) (2010), pp. 1-33.

8) Galina M. Yemelianova, "How 'Muslim' are Central Asian Muslims? A Historical and Comparative Enquiry," in Marlene Laruelle ed. *Being Mulsim in Central Asia* (Leiden: Brill, 2017).

9) 김충환, "중앙아시아 수피즘 이해와 선교적 제안,"『신학정론』39(2) (2021) pp. 479-504.

10) 이희수, "중앙아시아의 이슬람화 연구," 『민족학연구』4 (2000), pp. 259-280.

11) Иса Джаббаров(2007), "Үзбеки (Этнокультурные традиции, быт и образ жизни)", Т. Шарк. 참조

12) 고마츠 히사오 외 저, 이평래 역, (2005), pp. pp. 166-183.

13) https://aboutkazakhstan.com/about-kazakhstan-culture/islam-in-kazakhstan. (검색일: 2022. 10. 23).

14) "Evolution of Islam in Kazakhstan: How Modern Kazakh Muslims Balance Their Religious Identity, the Soviet Legacy and National Traditions", The Astana Times (2022-08-15), https://astanatimes.com/2022/08/evolution-of-islam-in-kazakhstan-how-modern-

kazakh-muslims-balance-their-religious-identity-the-soviet-legacy-and-national-traditions/, (검색일: 2022. 11. 22).

15) 박상남, "중앙아시아 지배구조의 정당성과 이슬람 요소," 『한국이슬람학회논총』 제23-1집, (2014) pp. 148-176 참조.

16) 오원교, "중앙아시아의 민족적 지역적 소통과 상생의 토대로서의 생활 이슬람," 『아시아 연구』(2010), pp. 139-171; 양민종 외, "서사시 마나스와 중앙아시아 이슬람 세속주의의 기원," 『슬라브硏究』vol.38, no.3 (2022), pp. 267-303.

17) 오재완, "중앙아시아의 민족주의 운동,"『민족연구』27 (2006), pp. 20-40.

18) Jeff Sahadeo, Russell Zanca, Everyday Life in Central Asia: Past and Present, (Indiana University Press, 2007), pp.305-318.

19) 양승조 외 저, 신범식(편) 『중앙아시아 이슬람의 역사적 경험과 문화』(진인진, 2019) 참조

20) Jeff Sahadeo, Russell Zanca, 2007, pp. 301-304.

21) 박상남, "중앙아시아 지배구조의 정당성과 이슬람 요소," 『한국이슬람학회논총』 제23-1집 (2014), pp. 148-176.

22) Galina M. Yemelianova, *Muslims of Central Asia* (Edinburgh University Press, 2019)

23) 김상철, "포스트소비에트 중앙아시아 사회의 여성지위와 인식변화에 대한 연구," 『중소연구』38(4) (2015), p. 291.

24) D. Solod, "In Uzbekistan, women's rights are changing - but not fast enough," *Open Democracy* 4 (2019).

25) Aljazeera, (2021), "Murder of woman in Kyrgyzstan triggers bride kidnapping protests."

26) Steven Fish M. (2002), "Islam and Authoritarianism," *World Politics* 55, pp. 4-37. 참조.

27) "Central Asia: Islam and the State", *EUROPE & CENTRAL ASIA*, 2003

28) 박상남, "중앙아시아 지배구조의 정당성과 이슬람 요소," 『한국이슬람학회논총』 제23-1집 (2014), pp. 148-176. 참조

29) Abazov Rafis, "Political Islam in Central Asia: Leaving Political Scene or Gathering Momentum," *International Journal of Central Asian Studies* Volume 3 (1998), pp. 2-26.

30) https://www.edgekz.com/islam-kazakhstan-modern-moderate/, (검색일: 2022. 10. 23).

31) 손영훈, "중앙아시아 국가의 강압정책과 이슬람 저항운동 연구," 『중동연구』 26(2) (2007), pp. 299-343.

32) 이선우, "우즈베키스탄 카리모프정부의 이슬람정책:1인 독제체제 구축을 위한 전략적 선택," 『중소연구』40(3) (2016), pp. 292-293.

33) 이선우, "카자흐스탄 나자르바예프정부의 이슬람정책 변화와 그 정치적 요인들: 선거권위주의 체제로의 진화와 지구적 '테러와의 전쟁'을 중심으로,"『슬라브硏

究』34(1) (2018), p. 105.

34) Almaz Kumenov (2022), "Kazakhstan Steps Up Campaign Against Ultra-Orthodox Islam," https://eurasianet.org/kazakhstan-steps-up-campaign-against-ultra-orthodox-islam, (검색일: 2022. 10. 23).

35) Freedomhous. "Has Mirziyoyev Really Brought Religious Liberty to Uzbekistan?," (2019-01-16).

36) Kun Uz (2021), "Mirziyoyev considers Islam as a means of inspiration, liberalization of society" – Political scientist."

37) Niginakhon Saida (2022), "Uzbekistan's Islamic Revival, Online."

38) 정세진, "타지키스탄 이슬람 부흥당 (IRPT)의 형성, 활동, 그리고 소멸," 『슬라브학보』35(4) (2020), p. 273, pp. 247-280

# 3부

## 국제관계 변화와 중앙아의 생존방식

3부에서는 중앙아 5개국을 둘러싼 국제환경이 어떻게 전개되고 있는가? 탈 세계화와 우크라이나 전쟁 이후 국제관계는 어떻게 변할 것인가? 특히 미·중·러 세력경쟁 속에서 각국의 전략은 무엇인지? 또한 중앙아 국가들을 둘러싼 주요 변수와 현황, 기회와 위기요소는 무엇인지?, 중앙아 국가들이 주변 강대국에 예속되지 않고 독자적인 발전을 할 수 있을지? 에 대해 설명하고자 한다.

일부 전문가들은 미·중 경쟁과 우크라이나 전쟁이후 세계화시대가 종말을 구하고 신냉전이 도래 할 것이라고 한다. 그러나 이는 모두에게 피해가 커서 경쟁당사자들도 원치 않는 미래이다. 때문에 지구촌이 단절되기보다는 협력과 경쟁을 병행하는 선택적 협력시대가 될 가능성이 더 많다. 중앙아 대외환경은 국제질서의 안정과도 밀접하게 연관되어 있다. 현재 우호적인 중·러 관계도 중앙아에서 경쟁관계로 전환될 수도 있다. 중앙아 5개국이 물 부족문제, 국경문제 등 역내 갈등을 해소하고 협력과 통합을 통해 주변 강대국에 예속되지 않고 독자적으로 발전할 수 있을지 주목받고 있다. 현재 중앙아 국가들은 능숙한 등거리 외교로 주변 강대국을 상대하고 미국, 터키, 한국, EU 등 다양한 국가들과도 협력을 확대하고 있다.

# I. 세계화 이후 국제사회 변화

## 1. 미국, 중국, 러시아의 서로 다른 계산서

### 중앙아 대외환경을 좌우 할 주요 변수들

중앙아 5개국의 미래는 내부의 정치안정과 경제발전은 물론 안정적인 대외환경이 유지될 수 있느냐에 따라 좌우될 수밖에 없다. 중앙아 대외관계는 다음과 같은 지정, 지경학적 변수들에 의해 요동칠 수 있다. 첫째, 미·중·러 3각 관계의 향배에 따른 영향이다. 최근 들어 뚜렷해지고 있는 미국·서방 VS 러시아·중국의 경쟁 심화가 중앙아 5개국에도 부정적 영향을 줄 수밖에 없다. 특히 인접한 강대국인 중·러 관계에 따라 중앙아 5개국은 가장 큰 영향을 받을 수밖에 없다. 다행스럽게도 현재 중·러 관계가 우호적이어서 중앙아 국가들에게 도움이 되고 있지만, 반대의 경우도 배제할 수 없다. 만약 중·러 관계가 갈등으로 전환하면 중앙아 5개국의 대외환경은 어려워질 수 있다.

두 번째, 중앙아 국가들이 러시아의 구소련권 재통합야망을 극복하고 자율성을 유지할 수 있을지 여부도 중요하다. 푸틴은 과거 소련제국을 복원하기 위해 우크라이나, 벨라루스, 중앙아 5개국을 재결합시키려고 노력해왔다.[1] 이는 중앙아가 언제든 제2의 우크라이나가 될 수 있음을 의미하기도 한다. 러시아의 1차적인 전략은 중앙아 국가들을 자국 중심의 경제, 안보 질서에 묶어두려는 것이다. 만약 러시아가 우크라이나 전쟁에서 승리할 경우 푸틴은 더욱 강하게 중앙아 국가들을 장악하려 할 것이다. 그러나 우크라이나 전쟁이 러시아에 불리하게 종결될 경우 푸틴의 야망이 좌절될 가능성도 있다.

세 번째, 중국의 부상은 중앙아 5개국에게 기회이자 위협이다. 중국-중앙아- 유럽을 연결하는 일대일로[2]가 추진되면서 중국의 인프라, 상품, 투자, 노동력이 유입되고 있다. 그러나 이러한 중국의 진출이 중앙아 5개국의 제조업 기반을 붕괴시키고 부채를 증가시켜 중화경제권에 예속을 가속화 할 것이라는 우려도 커지고 있다. 특히 경제적으로 취약한 키르기스스탄과 타지키스탄은 대외채무의 40% 이상을 중국에 지고 있다. 또한 중국 노동자 유입은 일자리와 인구학적 문제를 야기해 중앙아 현지의 반발을 사고 있다.[3] 지금은 수면 아래 있지만 중국의 영향력 확장에 대한 러시아의 경계심도 향후 변수가 될 수 있다. 현재 중·러는 밀월관계를 형성하고 있지만 중앙아 5개국에서 중국의 영향력이 커질수록 양국관계의 균열은 피하기 어렵다.

네 번째, 미국의 개입과 역할도 중앙아의 중요한 변수이다. 미국의 중앙아 정책목표는 러시아, 중국, 이란, 이슬람 극단주의 세력의 확장을 견제하고 신생국들의 독립과 독자발전을 지원하는 동시에 자국의 경제적 이익도 추구하는 것이다. 그럼에도 불구하고 미국의 중앙아 정책은 소극적이거나 성과가 부진하다는 평가를 받아왔다. 특히 중앙아 5개국에서 러시아, 중국 억제라는 전략적 목표는 2021년 미군의 아프간 철군 이후 후퇴하는 모습이다. 또한 중앙아 5개국에서 러·중 연대의 영향력은 확장되는 반면 미국의 힘은 쇠퇴하고 있다. 역외세력인 미국이 러·중에 비해 불리한 지정학적 조건을 가지고 있기 때문이다. 무엇보다도 2008년 금융위기 이후 미국의 국력 약화로 중앙아 5개국에 투입할 정책자원에 한계를 보이고 있다. 그럼에도 불구하고 미국의 주요 정책목표는 중·러 어느 쪽도 중앙아를 장악하여 세력이 커지는 것을 저지하는 것이다. 향후 미국은 중앙아와 아프가니스탄의 안정과 경제발전에 러시아, 중국의 책임과 비용지불을 유도하면서 자신은 세력균형자, 안보 관리자로서 적정한 수준의 개입과 지원을 모색할 전망이다.

다섯 번째는 중앙아 5개국의 역내 통합 여부이다. 강대국에 둘러싸인 중앙아 5개국이 독자적으로 발전하려면 힘을 합쳐야 한다. 유럽연합(EU)과 아세안(ASEAN)의 사례에서 보듯 통합이 주는 정치·경제적 시너지효과는 크다. 그동안 중앙아 국가들은 수자원분배, 국경문제 등으로 갈등해온 반면, 통합노력은  소극적이었다. 중앙아 5개국의 각기 다른 대외정책 노선도 통합의 방해요인이다. 카자흐스탄, 키르기스스탄, 타지키스탄은 친러시아 국가들인 반면, 우즈베키스탄, 투르크메니스탄은 러시아를 경계하거나 아예 중립국을 표방하고 있다. 때문에 중앙아 5개국이 견해차를 해소하고 역내 통합을 이루어 낼 수 있을지 주목된다. 다행스럽게도 2018년 3월 이후 매년 중앙아 5개국 정상들이 모여 역내협력을 논의하고 있고 유엔총회가 이러한 통합노력을 지지하는 결의안을 통과시키기도 하였다.[4)]

### 미국, 중국, 러시아의 역학관계

강대국들의 역학관계는 국제질서에 주요 변수 중 하나이다. 정치, 군사, 경제적 힘이 막강한 강대국이 국제사회에서 갖는 영향력이 크기 때문이다. 특히 주도적인 강대국이 몇 개이고 그들의 관계가 우호적인가 아니면 경쟁적인가에 따라 국제질서 국제질서의 성격도 좌우된다. 3개 이상의 강대국이 경쟁했던 제1, 2차 세계대전 시기를 다극체제, 미·소 2개국이 세계를 분할 지배했던 시기를 양극체제, 소련 붕괴 이후 미국이 유일강대국이었던 시기를 일극체제라고 한다. 현재는 미국중심의 일극체제에서 미·중·러 다극체제로 이동하는 과정에 있다고 보는 시각이 적지 않다. 그런데 다극체제에서 강대국 관계가 삐걱거리면 국제사회도 여러 편으로 나뉘어 갈등하거나 최악의 경우 전쟁이 벌어지기도 한다. 제1, 2차 세계대전도 3개 이상의 강대국들이 경쟁하던 다극체제에서 발생하였다.

우크라이나 전쟁과 미·중 갈등이 격화되면서 국제질서의 불안정성이 높아지고 있다. 미국은 세계 최강대국 지위와 자유주의 국제질서 유지를 위해 중·러 양국의 도전을 억제하려고 한다. 미국 혼자만으로는 힘이 모자라니 자유민주주의 진영 동맹국들을 규합하여 대응하겠다는 계획이다.

반면 중·러는 2008년 금융위기 이후 약화된 미국에게 도전장을 내밀고 있다. 중국은 남중국해, 대만 등 동아시아에서 미국을 밀어내고 역내강국이 되고 싶어 한다. 또한 중국은 첨단기술, 경제력에서도 미국을 추월하여 세계 최강대국이 되겠다고 장담하고 있다. 러시아 역시 과거 소련과 같은 세계적인 강대국이 되기 위해 1단계로 우크라이나, 중앙아시아 등 구소련영역을 다시 통합하고 싶어 한다. 때문에 나토(NATO)의 일원이 되려는 우크라이나를 무력을 통해서라도 붙잡으려는 것이다. 중·러 양국은 연대를 통해 미국을 견제하면서 각자의 목표를 달성하고자 한다. 그러나 각자의 꿈을 꾸고 있는 중·러 협력은 제한적일 수밖에 없다.

이렇듯 미·중·러 경쟁이 거칠어지면서 국제사회의 불확실성도 커지고 있다. 특히 강대국에 둘러싸인 한반도와 중앙아 5개국은 더 큰 영향을 받을 수밖에 없다. 때문에 이들 3개국 관계를 살펴보는 것은 향후 국제질서의 향방과 중앙아 국제관계를 전망하는 데 매우 유용한 판단 근거를 제공한다.

중앙아 초원은 19세기 이후 서쪽은 러시아, 동쪽은 중국의 지배하에 들어갔다. 그러나 1991년 예기치 않게 소련이 붕괴하면서 갑작스럽게 독립한 중앙아 5개국은 주변 강대국의 예속에서 벗어나 독립을 유지하며 발전하기를 원한다. 중앙아 국가들이 힘을 합칠 수 있는 역내 통합을 모색하고 있지만 중·러 양국의 협조와 동의가 필요할 것이다. 중·러 입장에서 통합된 거대한 중앙아보다는 지금처럼 따로 행동하는 개별국가들이 상대하기 쉽기 때문이다. 한편 중앙아 초원의 동쪽 지역인 신장 위구르는 여전히 중국의 지배하에 있다. 중국은 신장을 영구적인 자국 영토로 만들기 위해 치밀한 중국화 정책을 펴고 있다. 또한 일대일로 등을 통해 러시아의 영역이었던 서쪽 중앙아로 세력을 확장하고 있다. 이 지역에서 중국의 급속한 세력 확장은 러시아의 기득권에 위협이 될 수밖에 없을 것이다. 현재 중앙아 5개국은 러시아, 중국과 협력하면서도 한편으론 예속을 경계하고 있다. 중앙아 국가들은 중·러에 대한 의존도를 줄이기 위해 미국, 유럽, 튀르키예, 이란, 인도, 한국 등과 협력 루트를 다원화하고 있다.5)

### 제2의 우크라이나가 될 것인가?

사람들이 이동을 위해 꼭 지나가야 하는 중요한 길목은 상권을 장악하려는 세력들의 경쟁지역이 될 수밖에 없다. 유라시아 대륙에서 중앙아 5개국은 그 길목에 비유할 수 있다. 유라시아 대륙의 한가운데 위치한 이 지역은 예나 지금이나 동서양의 연결 고리이자 길목이다. 앞서 설명한 대로 중앙아 지역은 고대로

부터 수많은 민족과 문화가 교차하는 다문명사회였다. 유라시아 대륙의 수많은 제국과 부족연합의 흥망성쇠도 중앙아 초원을 누가 지배하느냐에 따라 결정되었다. 21세기에도 이 지역은 러시아, 중국, 중동, 인도, 유럽, 미국의 경쟁 무대이다. 특히 우크라이나 전쟁결과에 따라 중앙아를 둘러싼 국제관계도 크게 출렁일 전망이다. 만약 우크라이나 전쟁이 러시아에 유리하게 마무리 될 경우 푸틴은 자신감을 가지고 중앙아 국가들을 통제하려 할 것이다. 이에 맞서 다른 강대국들도 중앙아를 전략적으로 활용하려 할 것이다. 러시아는 과거 자신들이 지배했던 중앙아를 자국중심의 정치, 안보, 경제공동체로 다시 끌어들이려 한다. 성장하는 중국은 경제력을 바탕으로 유라시아 대륙의 모든 길을 자국으로 연결하는 일대일로를 추진하면서 중앙아에 돈을 쏟아 붙고 있다. 한발 떨어져 있는 미국과 EU는 중·러의 야심을 견제하기 위해 미국과 EU는 중앙아가 독립을 유지할 수 있도록 관여하고 있다. 러시아와 중국은 중앙아 5개국에서 미국견제와 역내 안정, 이슬람 극단주의와 테러에 대한 대응이라는 공동의 목표를 위해 협력하고 있지만 양국의 국력차가 커질수록 사이가 벌어질 수도 있다. 그동안  러시아는 안보영역에서, 중국은 경제투자영역에서 역할분담을 해왔다. 그러나 중·러 양국의 힘의 균형이 깨지면 현재의 우호적인 관계도 변할 수 있다.

지금까지는 러시아가 이 지역에서 정치, 군사관계의 강점을 내세워 가장 강력한 지위를 유지하고 있다. 그러나 러시아 경제는 예전만큼 견고하지 못하며 투자능력도 제한적이다. 러시아가 중앙아 국가들에게 경제적 협력파트너로서 매력을 잃어가고 있는 것이다. 반면 중국은 막대한 자금력으로 영향력을 높여가고 있다. 인도, 튀르키예, 이란도 중앙아에서 자신들의 역할을 확대해 가려고 한다. 특히 튀르키예와 이란은 문화, 역사적으로 중앙아와 밀접한 연관성을 가지고 있다.[6] 중앙아 국가들은 인구 대국인 중국, 인도, 러시아, 중동지역에 인접한 거점지역이다. 때문에 우리가 중앙아를 바라볼 때 중앙아 5개국만이 아닌 거대한 주변 시장과 연계해서 사고해야 한다. 그것이 중앙아가 가진 지리적, 경제적 잠재력을 제대로 평가하는 것이다.

중앙아 5개국은 독립 이후 러시아 영향에서 벗어나 독자적인 독립국가 정체성을 만들기 위해 노력해왔다. 이를 위해 자신들의 이슬람 종교, 전통문화와 언어 복원에 힘써왔다. 뿐만 아니라 중앙아 5개국은 과거 초원의 다문명사회와 실크로드 교역의 주역으로서 위상을 복원하려는 움직임을 보이고 있다. 카자흐스탄은 개방적이었던 유목문명의 세계관을 계승하여 다양한 민족들과 협력을 추구하는 '유라시아주의'를 표방해왔다.[7] 이는 모든 국가와 수평적 협력을 지향한다는 점에서 패권적 야심을 담은 러시아의 '유라시아주의'와 결이 다르다. 우즈베키스탄 역시 최근 들어 실크로드 육로 교역을 복원하는 데 관심을 보이고 있다. 또한 중앙아 국가들은 아시아와 유럽을 연결하는 인프라 구축을 적극 추진해 내륙국가의 한계에서 벗어나 육로물류의 중심지가 되려고 한다. 중국은 이를 잘 활용하여 중앙아에서 자국의 일대일로 구축과 경제적 입지를 강화하고 있다. 현재 중앙아 5개국이 이러한 대외환경 속에서 독립을 유지하며 독자적인 발전을 이룰 수 있을지 주목되고 있다.

## 2. 신냉전이 아닌 선택적 협력시대

### 글로벌 시대가 가고 신냉전이 오는가?

우크라이나 전쟁과 미·중 경쟁을 계기로 글로벌 시대가 끝나고 신냉전시대가 도래할 것이라는 전망들이 있다. 여기서 '신냉전'이라는 개념은 지구촌이 2개의 블록으로 단절되었던 과거 냉전체제로 돌아간다는 의미이다. 이를 현재 상황에 적용하면 미국, 유럽 중심의 자유민주주의진영과 중국, 러시아 중심의 권위주의 진영이 과거 냉전시기처럼 단절된 대립상태에 돌입하게 될 것이라는 의미이다. 물론 전문가에 따라서 신냉전이 갖는 의미는 다를 수 있다. 어찌 되었든 표면적으로 보면 이러한 주장은 일정부분 타당성을 가지고 있다. 현재 서방세계가 단결하여 우크라이나에 대한 무기지원과 러시아에 대한 경제제재를 가하고 있다. 이에 맞서 중·러 역시 합동 군사훈련을 포함하여 에너지협력을 강화하면서 양 진영의 대립구도가 형성되고 있다. 또한 경제 분야에서도 미국이 주도하여 첨단기술과 원자재분야에서 중국 배제 움직임이 가속화 되고 있다. 또한 군사안보적으로도 우크라이나 전쟁 발발과 중국의 대만침공 가능성으로 긴장이 고조되고 있다. 이런 상황들을 고려하면  자유무역과 신자유주의로 상징되던 글로벌시대가 가고 새로운 질서가 모색되고 있는 것은 분명하다.

그러나 일부 변화를 근거로 지구촌이 양 진영으로 분리, 대립하는 시대로 되돌아갈 것이라고 속단하기는 아직 어렵다.

신 냉전이 어려운 이유를 좀 더 구체적으로 살펴보면 먼저 강대국들은 물론 지구촌 어느 국가도 과거 냉전시대로 되돌아가기를 원하지 않는다는 점이다. 미국은 물론 중국과 러시아 모두 신냉전을 원하지 않는다고 말한다. 바이든 대통령도 2022년 9월 UN총회 연설에서 신냉전을 원하지 않는다고 분명히 밝히고 있다. 양국 교역에서 미국정부는 대중국 기술수출의 95% 이상을 허가하고 있다. 극히 일부분을 제외하고 미·중 교역과 기술교류는 여전히 활발하다. 러·중도 미국이 자신들을 고립시키려 한다고 항의하고 있다. 그들의 발전을 위해서도 서방의 기술과 자본, 시장과의 연계성은 필요하다. 이처럼 강대국들이 결별을 원하지 않는 것은 서로 연결되어 있는 것이 더 이익이 되기 때문이다.

그래서 현재 벌어지고 있는 강대국간 갈등과 분쟁은 경제, 기술, 안보 분야에서 벌어지는 한정된 경쟁이다. 경제를 예를 들면 미국은 반도체, 인공지능, 2차 전지, 양자컴퓨팅, 바이오 등 일부 첨단기술 분야에서 후발주자인 중국의 추격을 저지하겠다는 것이지 전면적인 단절을 원하는 것은 아니다. 미국의 중국 억제정책 이면에는 어떤 것이 중장기적으로 자국자본에 이익이 될 것인가?에 대한 전략이 숨어있다. 미국엘리트들이 갖는 공포는 그동안 자국이 우위를 지켰던 분야에서 주도권을 빼앗길 경우 그동안 누려온 미국자본의 세계지배와 수익구조가 흔들리거나 붕괴될 수 있다는 초조함이 깔려있다. 반면 중국은 그동안 미국이 독식했던 이익을 나누어 갖겠다는 야심을 갖고 있다. 이러한 자본의 이익이 미중경쟁의 가장 중요한 본질 중에 하나이다. 이런 관점에서 보면 미국은 첨단기술, 금융 분야의 이익과 이를 뒷받침 할 군사력, 자유민주주의 가치 수호 등에서 중국과 러시아를 압도해야만 경제적 우위를 유지할 수 있다. 이것이 바로 미국이 말하는 자유주의 패권유지의 본질이라고 볼 수 있다.

신 냉전이 미·중·러 모두에게 이익이 되지 않는다는 점도 중요한 판단근거이다. 그동안 저렴한 중국산 공산품, 러시아산 에너지, 광물자원은 서방경제가 저물가 고성장을 하는 데 크게 기여했다. 이러한 공급망이 불안해지자 세계경제가 인플레로 타격을 받고 있다. 그래서 미국은 단절보다는 보호할 부분과 협력할 분야를 나누어 대응하겠다는 구상이다. 중국과 러시아 역시 서방의 경제, 기술, 시장, 투자와 분리되어서는 최우선 국가목표인 부국강병을 이룰 수 없다. 실리측면에서만 봐도 중국교역에서 러시아가 차지하는 비중은 5% 내외에 불과하며 서방시장의 비중이 절대적이다. 경제 발전을 통해 유라시아 패권국이 되려는 중국과 러시아의 입장에서도 신 냉전은 도움이 되지 않는다. 또한 세계화시대에 상호의존성이 강화된 지구촌이 결별하는 것은 많은 혼란과 비용이 따르는 일이다. 아울러 미·중·러 3국은 갈등요소도 있지만 경제, 안보, 기후변화, 전염병 등에서 서로의 협력해야 할 사안도 많다. 특정 강대국이나 진영의 힘만으로는 해결하기 힘든 인류의 생존권적 문제들이 산적해 있는 것이다.

### 국제규범으로 본 우크라이나 전쟁

냉전 붕괴 이후 소련 지배에서 벗어난 동유럽 국가들과 발틱 3국, 조지아, 우크라이나, 몰도바 등은 러시아의 안보적 위협에 대응하기 위해 나토가입을 추진해왔다. 동유럽 국가들과 발틱 3국은 나토가입에 성공한 반면 조지아, 우크라이나의 가입은 보류되다가 러시아의 침공을 받게 되었다. 사실 동유럽 국가들이 나토에 가입하려는 것은 최소한의 자기방어를 위한 것이다. 또한 이들의 행동은 과거 제정러시아에서 소련으로 이어진 식민지배의 유산에서 벗어나려는 탈식민주의적 성격이 강하다.[8] 그리고 독립국가의 외교관계와 동맹정책은 고유한 주권 사항으로 전쟁의 구실이 되기 어렵다. 러시아가 나토가입 저지를 명분으로 우크라이나, 조지아를 침공한 것은 주권 존중이라는 면에서 국제사회의 동의를 얻기 힘들다.

물론 나토확장에 대한 러시아의 안보적 우려도 타당한 면이 크다. 때문에 미국과 나토가 러시아를 존중하지 않는 것도 비판을 받아야 한다. 그러나 우크라이나의 안보적 우려도 균형 있게 고려되어야 한다. 또한 나토가 방어목적의 기구라는 점도 중요하다. 우크라이나 전쟁의 가장 큰 이유는 소련제국을 복원하려는 푸틴의 야심 때문이다. 푸틴의 패권적 목표를[9] 잘 아는 우크라이나는 당연히 경계심을 가지고 나토가입을 시도할 수밖에 없다. 당연히 해당 국가들의 반발을 불러올 수밖에 없다. 우크라이나, 조지아, 몰도바의 나토가입 추진과 우즈베키스탄, 투르크메니스탄의 거리두기나 중립정책도 푸틴의 의도에 대한 우려 때문이다. 특히 중앙아 국가들은 중국, 미국, EU, 튀르키예, 인도,[10] 이란, 한국 등 다양한 국가들과 협력루트를 다원화 하면서 러시아와 중국에 대한 의존도를 축소하려고 노력한다.

### 중·러의 서로 다른 목표

또한 신냉전이 되려면 서방에 대항하는 중·러 밀월관계가 미국에 대항하는 단일한 블록으로 단결해야 하는데, 그럴 가능성도 크지 않다. 현재 중·러는 에너지, 경제, 외교, 합동군사훈련 등 다양한 분야에서 협력을 하고 있다. 그러나 각자 유라시아 대륙의 강자를 꿈꾸는 양국의 이해관계는 궁극적으로 일치하기 어렵다. 목표와 이념이 다른 중·러 양국은 대미 견제를 위해서는 힘을 합칠 수 있지만 그렇다고 미국과 적이 되는 것은 원하지 않는다. 때문에 현재 중·러 밀월관계는 실리를 위해 서로를 활용하는 한시적 협력관계에 가깝다. 실리측면에서만 봐도 중국교역에서 러시아가 차지하는 비중은 5% 내외에 불과하며 서방시장의 비중이 절대적이다. 중국몽(夢)을 실현하는 것이 급선무인 중국이 러시아와 동맹을 위해 서방 시장을 포기한다는 것은 상상하기 어렵다.

2022년 우크라이나 전쟁에 대해 중국의 시진핑은 러시아를 군사적으로 지원하기보다는 오히려 우려를 표시하고 있다. 또한 푸틴의 핵무기 사용 시사에 중국정부는 협상을 통한 해결을 촉구하였다. 중국은 러시아의 우크라이나 영토합병을 규탄하는 유엔 안보리 결의안에도 기권했다. 중국은 러시아의 2008년 조지아 침공, 2014년 크림반도 병합도 지지하지 않았다. 우크라이나 전쟁은 중국이 그동안 내세웠던 내정불간섭과 주권존중 원칙에도 위배된다. 그러나 중앙아, 중동, 동유럽에 진출하고 있는 중국의 더 깊은 속내는 따로 있다. 바로 러시아가 우크라이나를 장악하고 더욱 강해진다면 가장 부담스러운 나라가 일대일로를 추진하고 있는 중국이기 때문이다. 유라시아 대륙에서 세력을 확장해 가는 중국의 입장에서 가장 큰 걸림돌은 멀리 떨어진 미국이 아니라 지리적으로 가까운 러시아가 될 수밖에 없다. 과거 중·러 관계의 역사가 부침이 많았던 것도 이 때문이다.11)

유라시아 대륙의 강자로 복귀하려는 러시아의 입장에서도 중국의 부상은 가장 큰 경계대상이다. 지금은 협력이 주는 이익 때문에 밀월관계를 형성하고 있지만 내부적으로는 중국의 급성장에 위기감이 크다. 러시아의 대중국 견제심리는 2020년 중국-인도 국경분쟁에서도 드러난다. 러시아가 중국을 적극 지원하기보다는 오히려 인도를 배려하면서 중국 내부의 불만이 터져 나왔던 것이다.

중·러 양국의 경쟁은 중앙아 5개국에서도 치열하게 진행되고 있다. 중국은 러시아의 우월한 지위를 인정하면서도 월등한 경제력을 앞세워 조용히 중앙아에 스며들고 있다. 중국의 일대일로와 경제 진출은 중앙아에서 중·러 양국의 주도권을 바꿀 정도로 파급력이 크기 때문에 러시아는 예민할 수밖에 없다. 2014년 중국이 일대일로 구상을 추진하자 러시아는 바로 그 다음해인 2015년 자국 중심의 경제공동체인 유라시아경제연합(EAEU)을 창설하였다. 중앙아가 중화경제권에 편입되는 것을 막고 루블화 경제권을 지키기 위한 고육지책이었다. 러시아는 강력한 제조업 경쟁력을 가진 중국으로부터 중앙아 시장을 지켜야만 유라시아제국 건설이라는 목표를 이룰 수 있다.

결국 중국의 세력 확장은 중앙아와 유라시아 대륙에서 러시아 영향력의 상대적 쇠퇴를 의미한다. 이를 저지하기 위해 러시아는 상하이협력기구(SCO) 안에서 투르크메니스탄을 제외한 중앙아 4개국, 인도와 함께 중국의 부상을 견제, 관리해 왔다. 러시아는 중국의 반대에도 인도의 SCO 가입을 성사시키며 대중국 견제카드로 쓰려는 의도를 보이고 있다. 중국이 1997년부터 추진했던 중국-키르기스스탄-우즈베키스탄을 연결하는 철도(CKU)를 약 25년 동안 반대한 것도 러시아였다. 러시아는 철도를 통해 중앙아 내부로 깊숙이 확장되는 중국을 견제하기 위해 철도 연결에 부정적이었다. 2022년 7월과 9월, 푸틴과 시진핑이 각각 우크라이나 전쟁과 코로나 19로 중단되었던 해외 방문을 다시 시작한 첫 방문지도 공교롭게 모두 중앙아시아였다. 앞으로도 중앙아를 둘러싼 중·러의 조용한 경쟁은 양국관계의 바로미터가 될 것이다.

이렇듯 한계 없는 협력을 다짐하는 중 · 러 양국관계를 보면 내부적으로는 미묘한 신경전과 견제심리가 작동하고 있다. 유라시아 패권을 추구하는 양국의 목표는 궁극적으로는 일치하기 어렵다. 물론 대미견제 필요성 등 과도기적 목표는 양국이 동일하다. 그러나 어느 한쪽이 상대방의 하위국가로 추락하지 않는 한 중·러 양국이 반미동맹 블록을 형성할 가능성은 낮을 것이다. 때문에 중·러 양국이 단일한 진영으로 뭉쳐 미국에 대항하면서 신냉전이 본격화할 것이라는 일부의 주장은 근거가 약하다.

또한 일부에서는 중·러가 인도, 브라질, 남아공, 이란 등이 참여하는 SCO와 BRICS를 결집하여 반미 진영을 확대할 것이라고 전망한다. 러·중에 이러한 의도가 있음은 분명해 보인다. 그러나 원하는 것과 실현 가능성은 별개의 문제이다. 중국, 러시아, 인도의 역학관계를 들여다보면 반미 연대가 실현되기 어렵다. 인도는 중국과 영토문제를 비롯한 많은 갈등요인을 가지고 있다. 인도가 러시아에 우호적인 것도 저렴한 무기구매를 통해 중국을 견제하기 위함이다. 더욱이 민주주의 국가인 인도가 중·러 권위주의와 함께 미국에 대항한다는 것은 상상하기 어렵다. 이를 증명하듯 인도 모디 총리는 푸틴을 만나 지금은 전쟁이 아닌 대화를 해야 하는 민주주의 시대라고 충고하기도 했다. 브라질과 남아공 역시 미국에 불만을 가지고 있지만 본질적으로 중·러와 같이 반미 전선에 나설 수 없는 국가들이다.

아울러 중·러가 위안화-루블화 동맹을 통해 미국의 달러화 금융패권에 도전할 것이라는 전망이 있다. 물론 양국은 2022년 9월 달러화 독주체제를 견제하기 위한 공동대응에 합의하였다. 그러나 양국교역규모와 경제적 영향력을 볼 때 이 합의는 상징적인 것일 수는 있어도 당장 힘을 발휘하기는 어렵다.

이렇듯 중·러 관계는 긴밀하면서도 서로를 견제하는 이중심리가 작동하고 있다. 이는 양국의 가장 큰 목표가 단일한 반 서방 동맹에 있지 않고 각자의 패권 추구에 있기 때문이다. 그리고 유라시아 대륙의 주도권을 놓고 경쟁하는 중·러 양국의 이해는 궁극적으로 합치되기 어렵다.

## 3. 우크라이나 전쟁 이후 국제사회

### 우크라이나 전쟁 이후 두 가지 시나리오

여러 변수가 있겠지만 전쟁 이후를 크게 두 가지 방향으로 전망해 볼 수 있다.

첫째, 이번 전쟁이 우크라이나의 선전으로 서방에 유리한 국면으로 흐를 경우이다. 이 경우 푸틴의 야망이 좌절되거나 수정될 가능성이 있으며 전쟁이후 약소국의 주권존중과 평화적 문제해결이라는 국제규범에 더욱 힘이 실릴 가능성이 있다. 미국과 서방의 가치연대가 우위를 점하게 되고 중·러 권위주의 영향력은 상대적으로 약화될 것이다. 또한 러시아 국내정치 상황에 따라 푸틴정권의 교체가능성도 배제하기 어렵다. 러시아 차기 정권의 성향에 따라 서방과의 급격한 화해 가능성도 있다.

둘째, 서방의 분열과 종전여론이 커지고 우크라이나의 대응이 약화되면서 전세가 러시아에게 유리하게 전개되는 경우이다. 승기를 잡은 푸틴은 벨라루스와 중앙아시아에 대한 통제강화를 시도할 것이다. 또한 향후 국제사회에서 강대국 일방주의와 무력사용, 약소국 주권 침해 경향이 늘어날 수 있다. 또한 중·러 신권위주의 영향력이 강화되면서 서방과의 대치가 고조될 것이다. 이러한 상황은 한반도와 동아시아에도 부정적 영향을 줄 것이다.

## 신냉전시대로 돌아가기 어려운 이유

미국의 목표는 중·러를 억제, 관리하면서 자국의 주도권과 자유주의적 국제질서를 유지하는 것이다. 때문에 향후 미국은 중·러와 협력할 분야와 견제대상을 명확하게 구분하면서 대응할 것이다. 그러나 미국의 성공 여부는 선거에 따라 바뀌는 정책의 일관성, 국내외적 모순과 분열을 극복할 혁신이 가능할 것인가에 달려있다. 여전히 강력한 국력을 가진 미국의 변화 여부는 미래 국제사회의 주요 변수가 될 수밖에 없다. 문제점이 많은 미국시스템이지만 그렇다고 현재 중·러 국가모델과 가치가 미래세계의 대안이 될 수는 없기 때문이다.

중·러 관계는 표면적으로 긴밀해 보이지만 내부적으로는 결코 함께하기 힘든 이해충돌과 견제심리도 동시에 작동하고 있다. 무엇보다도 양국의 최우선 목표가 반서방 동맹이 아니라 각자의 꿈을 실현하는 패권추구에 있다는 점을 고려해야 한다. 주변국에 영향력을 확장하여 유라시아 대륙의 강자가 되려는 중·러의 경쟁은 시간이 흐르면서 수면위로 떠오를 가능성이 있다. 때문에 일각의 예상처럼 이번 전쟁으로 중·러가 더욱 결집하기보다는 그 반대일 가능성도 염두에 두어야 한다. 중·러가 국제사회에서 진정한 리더십을 가지려면 국방력과 경제력 외에 주변국에게 매력있고 신뢰받는 안전한 협력파트너가 되는 것이다.

이해관계가 얽히고설킨 미·중·러 3각 관계는 양진영으로 분명하게 갈라설 만큼 간단하지 않다. 때문에 우크라이나 전쟁이 서방과 중·러, 양 진영을 더욱 결속시켜 대결구도를 강화시킬 것이라고 예단하기 어렵다. 오히려 시간이 흐를수록 국익에 따라 행동하려는 국가들이 늘어날 가능성도 있다. 때문에 지구촌이 두 개의 블록으로 갈라서는 '신냉전'보다는 각국이 경쟁과 협력을 병행하는 '선택적 협력 시대'가 될 가능성이 높다.

## I장 결론

### '선택적 협력시대'에 비전과 목표 정립 필요성

적과 우군이 분명했던 냉전시기보다 '선택적 협력 시대'가 한국과 중앙아 국가들에게는 더욱 어려운 대외환경이 될 수 있다. 복잡한 이해관계 속에서 어떤 것을 협력해야 하고 경쟁해야 할지 결정하는 일은 쉬운 일이 아니기 때문이다. 정치, 군사, 외교, 경제, 문화, 기술, 가치 등 모든 분야에서 치열한 경쟁이 확대될 미래에는 선택해야 할 문제가 더욱 많아질 것이다. 국가별로 무엇을 어떤 방식으로 협력하거나 배제해야 할지를 매순간 선택해야 한다. 많은 부분을 시장에 맡겨 놓던 세계화 시대는 이미 지나갔다. 특히 경제 분야에서 고도의 전략과 선택이 중요해졌다. 국가마다 선택에 따른 피해와 손해도 감수해야 한다. 그러려면 우리가 지향해야 할 이익과 가치가 무엇인지를 전략적 차원에서 고민하고 국내적으로 합의해야 한다. 새로운 시대에 맞는 자국의 비전과 목표도 재정립해야 한다. 방향타가 없는 선택의 시대는 악몽이 될 수 있기 때문이다.

선택적 협력시대에 중앙아 5개국이 어떻게 대응하며 독자성을 유지할 수 있을지도 국제사회의 주요 관심사가 될 것이다.

1) 정세진, “소련의 1924-1929년 중앙아시아 국경 경계 획정과 민족 정체성 함의: 공동의 정체성에서 개별적 정체성으로,” 『슬라브 연구』 36-3 (2021), pp. 130-137.

2) 이충배, 노진호, 유염봉, “일대일로’ 이니셔티브 하에서 내륙 항이 중국-중앙아시아의 지정학적 관계에 미치는 영향,” 『무역학회지』 45-3 (2020), pp. 49-54.

3) 김영진, “일대일로와 중앙아시아 국가들의 대응: 경제적 기회와 도전,” 『아시아리뷰』9-1 (2019), pp. 39-69.

4) Svante E. Cornell, S. Frederick Starr, “Modernization and Regional Cooperation in Central Asia: A New Spring?,” *Silk Road Paper* (2018), pp. 5-66.

5) Morena Skalamera, “Russia’s Lasting influence in Central asia,” *Global Politics and Strategy* 59-6 (2018), pp. 123-142

6) Mher Sahakyan, “The New Great Power Competition in Central Asia: Opportunities and Challenges,” (2021), pp. 28-29.

7) 이지은, “카자흐스탄의 전방위외교와 다자주의- 중앙아시아 국제환경, 국가속성, 국가 정체성 요인을 중심으로,”『슬라브 연구』 37-2 (2021), pp. 31-56.

8) Catherine Owen, John Heathershaw, Igor Savin, “How postcolonial is post-Western IR? Mimicry and metis in the international politics of Russia and Central Asia,” *Review of International Studies* 44-2 (2017), pp. 279-300.

9) Catherine Owen, John Heathershaw, Igor Savin (2017), pp. 279-300.

10) Emilian Kavalski, “The Puzzle of India’s Relations with Central Eurasia,” *Asian Security* 15-3 (2019), pp. 2-19.

11) 백준기, 『유라시아 제국의 탄생: 유라시아 외교의 기원』(홍문관, 2014).

# II. 러시아의 집요한 야망

## 1. 중앙아를 향한 푸틴의 집념

### 러시아의 대중앙아 정책목표

현재 중앙아 5개국에서 러시아의 영향력은 주요 강대국 중에서 가장 강력하다.[1] 푸틴집권 이후 러시아의 대중앙아 정책은 세 가지 주요 목표를 달성하기 위해 추진되어왔다. 첫 번째는 군사, 안보, 기술협력(군대 현대화, 키르기스스탄과 타지키스탄의 군사기지 운영 등)을 촉진하는 것이다. 두 번째는 석유, 가스, 수력 발전 등 에너지 프로젝트를 추진하는 것이다. 세 번째는 유라시아경제연합(EAEU)을 확장하는 것이다. 뿐만 아니라 러시아는 중앙아 5개국의 안정을 위해 영토 분쟁, 민족, 씨족 간 갈등, 불안정한 아프가니스탄에 대한 대응 에 관심을 두고 있다.

1991년 냉전붕괴 이후 러시아는 자국의 고유한 영역이었던 중앙아에서마저 미국, 중국, 튀르키예와 경쟁해야만 하는 국력약화를 경험했다.[2] 푸틴은 이러한 지정학적 후퇴를 극복하기 위해 중앙아 5개국을 자국주도의 다자기구에 재통합하는 것을 최우선 순위에 놓고 있다. 그는 2004년 "유라시아 대륙에서 세력 판도는 중앙아시아에서 결정된다."라고 언명할 만큼 이 지역에 강한 집착을 보이고 있다.[3] 2022년 우크라이나 전쟁 와중에도 푸틴의 첫 해외 방문지는 타지키스탄과 투르크메니스탄이었다. 러시아는 중앙아시아 일부에 군사기지를 두고 있으며, 집단안보조약(CSTO)를 통해 합동군사훈련도 실시하고 있다. 경제적으로도 중앙아시아에 투자, 에너지, 인프라, 노동이주와 송금 등을 통해 연계성을 강화하고 있다. 러시아에 이주한 중앙아 5개국 노동자는 2019년 기준 950만 명에 이르며 이들의 송금은 각국 경제에 큰 비중을 차지하고 있다.[4]

러시아의 궁극적인 목표는 중앙아 지역에서 과거 소련이 가졌던 지배력을 회복하는 것이다. 독립을 지키려는 중앙아 국가들에게 러시아의 이러한 목표는 심각한 위협이 될 수밖에 없다. 게다가 러시아의 우크라이나 침공은 중앙아 국가들의 대러시아경계심을 고조시키고 있다. 러시아 전략에 따라 중앙아 국가들도 언제든 희생될 수 있다는 우려가 현실로 다가온 것이다. 러시아는 우크라이나의 주권과 선택을 무시하고 자국의 지정학적 이익을 강요하며 군사행동에 나섰다. 푸틴의 요구를 우크라이나가 수용하려면 러시아의 식민지가 되어야만 가능하다. 일방적인 자국의 지정학적 이익을 강요하는 러시아의 태도는 유사시 중앙아 국가들에게도 적용될 수 있다.

반면 러시아는 중앙아를 자국영향권에 편입시켜야만 세계적인 강대국의 지위를 회복할 수 있다. 또한 경제적 측면에서도 러시아가 중앙아, 우크라이나와 합쳐졌을 때 인구, 시장, 국력 면에서 미국, 중국과 대등하게 경쟁할 수 있다. 러시아는 구소련권 국가들을 재통합하기 위해 기존 슬라브 민족주의를 버리고 보다 넓게 모든 유라시아 민족을 포괄하는 '확장된 유라시아(Greater Eurasia)' 또는 '유라시아 파트너십(Eurasian Partnership)' 개념을 만들었다.[5] 이 개념은 러시아가 기존 슬라브 민족국가에서 유라시아 모든 민족을 포괄하는 국가로 전환하겠다는 의미가 담겨있다. 러시아가 유라시아 대륙의 패권을 다시 장악하기 위해 작은 민족주의에서 벗어나 보다 다양한 민족을 포용하겠다는 선언이다.

특히 러시아는 구소련영토에서 자신의 영향력을 축소시키는 서구민주주의확산과 나토 확장에 예민하게 반응한다. 러시아가 군사력을 사용해서 조지아와 우크라이나의 나토가입과 민주화를 막으려했던 것도 이 때문이다.[6]

### 멀어지는 푸틴의 꿈

우크라이나 전쟁은 역설적으로 강대국을 향한 푸틴의 꿈을 약화시키는 결과를 초래할 수 있다. 이번 전쟁의 가장 큰 피해자는 우크라이나, 두 번째는 러시아다. 푸틴은 우크라이나 일부 영토를 얻었지만 잃은 것이 더 많다. 그동안 푸틴은 유럽이 자국에너지에 의존하게 만들고, 미국과 유럽을 분열시켜 그 공백을 러시아가 차지하는 유럽질서를 구상해왔다. 독일과 프랑스가 우크라이나와 조지아의 나토가입에 반대하고, 트럼프 시절 미국과 유럽이 분열했을 때만 해도 푸틴의 구상은 성공한 것처럼 보였다. 그러나 이번 전쟁 이후 상황이 급반전되면서 서방세계가 다시 반러시아로 결집하고 있다. 푸틴은 이러한 서방의 단결을 미처 예상하지 못했을 것이다. 전쟁 이후 우크라이나 국민들의 반러시아정서와 탈러시아 의지는 더욱 굳건해지고 있다. 여론조사에 따르면 러시아와 결별하고자 하는 우크라이나 국민들의 여론이 80% 이상으로 더욱 확고해졌다. 푸틴은 우크라이나 영토의 약 10%를 얻었지만 나머지는 영원히 잃게 될 상황이다. 뿐만 아니라 중앙아, 코카서스 국가들의 대러시아 경계심도 확산되고 있다. 그동안 충실하게 친러시아 행보를 보였던 카자흐스탄마저 푸틴의 우크라이나 침공과 동부병합움직임에 공개적인 반대 입장을 표명하고 있다.

러시아는 부상하는 중국을 SCO 안에서 견제, 관리하면서 군비경쟁을 예방하고 협력을 유도해 왔다. 중국 역시 SCO를 통해 러시아의 고유영역이었던 중앙아에 별다른 저항 없이 진출하여 존재감을 강화하고 있다. 중앙아 4개국 역시 SCO를 통해 양대 강대국인 러·중 어느 한쪽을 선택해야 하는 전략적 리스크를 피하고 외교적 자율성을 확대하였다. 특히 SCO는 회원국들의 갈등, 국경분쟁을 예방하고 테러, 마약, 환경, 경제협력에 긍정적 역할을 하였다. SCO의 경험은 미·중 경쟁이 격화되고 있는 한반도와 동아시아에도 많은 시사점을 주고 있다.

또한 러시아는 2015년 유라시아경제연합(EAEU) 창설을 통해 구소련권 국가들과 독자적인 경제블록을 만들어 중국은 물론 EU와도 대등한 경쟁을 하려는  계획이다. 즉 이 경제기구가 서방뿐만 아니라 대중국 견제용이기도 하다는 의미이다. EAEU는 현재 러시아, 벨라루스, 카자흐스탄, 아르메니아, 키르기스스탄 등 5개국이 참여하고 있다. 옵서버 국가인 우즈베키스탄은 2025년까지 정회원에 가입할 계획이지만[7] 타지키스탄은 관세수입을 포기해야하는 것 때문에 주저하고 있다.[8] 현재 러시아는 우즈베키스탄, 타지키스탄, 투르크메니스탄의 가입을 설득하고 있다. EAEU는 회원국 간 이견이 있고 통합효과에 대한 회의적인 전망과 서방의 대러시아 제재로 여러 어려움에 직면해 있다. 그러나 협력에 따른 시너지효과와 러시아의 강한 통합의지 등 성공 요인도 적지 않다.[9] 우크라이나 전쟁 이후 러시아는 서방의 대러 경제제재에 대항하기 위해 EAEU를 끌어들이려고 했지만 카자흐스탄은 순수한 경제협력 분야가 아니라는 이유로 반대했다.[10]

러시아는 군사·안보적으로 무기제공, 장교양성, 군대주둔 및 합동군사훈련 등을 통해 중앙아에서 우월한 지위를 유지하고 있다.[11] 그러나 푸틴의 제국주의적 열망이 강하게 드러난 조지아, 우크라이나 전쟁 이후 중앙아 국가들의 대러 경계심은 커지고 있다.[12]

러시아의 대중앙아 군사개입은 주로 CSTO(러시아, 벨라루스 카자흐스탄, 키르기스스탄, 타지키스탄 등이 참여)를 통해 이루어지고 있다. CSTO는 회원국들에 대한 군사위협, 테러, 조직범죄, 마약, 비상사태 등에 대비하기 위해 신속 대응군을 운영하고 있다.

한편 중앙아 5개국 대외정책의 방향과 다자기구 참여는 모두 제각각이다. 예를 들어 중립국을 선언[13]한 투르크메니스탄은 EAEU, CSTO, SCO 3개 기구 모두 가입하지 않고 있다. 우즈베키스탄은 CSTO를 탈퇴했고 EAEU에도 미가입 상태이다.[14] 친러시아적인 카자흐스탄과 키르기스스탄은 3개 기구에 모두 가입하였지만 동시에 미국, 중국, EU 등과도 협력관계를 넓혀가고 있다.[15] 타지키스탄은 CSTO, SCO에는 가입했지만 EAEU에는 참여하지 않고 있다. 중앙아 국가들이 러시아에 다시 종속되는 것을 경계하기 때문에 EAEU 가입을 꺼리는 것이다. 이들에게 러시아는 우호국인 동시에 최대의 위협국이기도 하다.[16] 그러나 푸틴의 중앙아 재통합 노력은 우크라이나 전쟁으로 위축될 가능성도 있다. 만약 푸틴의 우크라이나 침공이 실패로 끝날 경우, 중앙아에서 러시아의 영향력은 흔들릴 것이다. 전통적으로 친 러시아 행보를 보였던 카자흐스탄도 독자적인 목소리를 내고 있다. 2022년 재선에 성공한 카자흐스탄 토카예프 대통령이 어떤 대외정책 노선을 걷게 될지도 관심거리이다.

[표 3] 중앙아 5개국 CSTO, SCO, EAEU 가입 현황

| | CSTO | SCO | EAEU |
|---|---|---|---|
| 카자흐스탄 | O | O | O |
| 우즈베키스탄 | 탈퇴(2012.06.28.) | O | 옵저버 |
| 투르크메니스탄 | X | O | X |
| 타지키스탄 | O | O | X |
| 키르기스스탄 | 0 | O | O |

## 2. 러시아와 중앙아의 연계성

### 역사, 정치, 경제, 안보, 문화 인적 네트워크의 공유

재정러시아와 소련 시기 같은 국가에 속했던 러시아와 중앙아 5개국은 역사, 정치, 경제, 문화, 사회적으로 많은 연관성을 갖게 되었다. 현재도 러시아는 중앙아 5개국과 많은 분야에서 밀접한 연계성을 유지하고 있다. 특히 소련시기 공유했던 문화, 언어, 과학, 학문, 제도, 관행 등의 유산은 여전히 양 지역을 이어주는 끈끈한 연결고리가 되고 있다. 또한 과거에 형성된 엘리트 인적네트워크도 여전히 작동하고 있다. 이는 러시아가 중앙아 5개국에 영향력을 유지, 확장하는 데 중요한 자산이다. 러시아는 중앙아 5개국 주민들에게 주요 강대국 중에서 가장 신뢰받는 나라로 조사되고 있다.[17] 주민들은 중국이나 멀리 떨어져있는 미국 보다는 러시아를 더 친근하게 여기고 신뢰한다고 답했다. 러시아는 이러한 소프트파워를 바탕으로 중국이나 미국은 접근할 수 없는 중앙아 내부정보를 수집하고 활용하기도 한다. 때문에 중앙아 국가들에게 러시아와 연관성은 협력에 도움이 되기도 하지만 때론 간섭과 통제의 수단이 될 수도 있다. 특히 경제, 과학기술, 군사, 우주, 문화, 스포츠, 복지 분야에서 러시아는 중앙아 국가들에게

선진국으로 인식되고 있다. 이는 러시아가 여전히 중앙아 5개국에서 많은 무형의 자산을 가지고 있음을 의미한다.[18] 러시아는 우위를 지키기 위해 중앙아 국가들과의 연계성을 유지 발전시키려고 노력하고 있다.

그러나 러시아 중심의 경제기구인 EAEU에 일부 중앙아 국가들은 여전히 참여를 꺼리고 있다. 중앙아 국가들은 러시아의 중앙아 재통합 야심을 경계하며 미국 등 서방의 다양한 국가들도 실리외교를 취하고 있다. 협력파트너로서 러시아의 능력이 감소하고 있는 점도 일부 중앙아 국가들이 EAEU가입을 망설이는 이유이다. 앞으로도 중앙아 5개국은 국가안보, 정권유지, 경제적 실리 추구를 위해 러시아뿐만 아니라 중국, 미국, 유럽, 튀르키예, 이란, 인도, 한국 등 다양한 파트너들과의 협력을 늘려갈 전망이다.[19]

### 러시아 중앙아 관계 전망

중앙아에서 러시아의 존재감은 어느 강대국보다 여전히 강하다. 먼저 경제 분야를 보면 러시아는 중앙아 5개국과 대규모 공동프로젝트를 추진할 수 있으며 자국 민간기업의 이익을 위해 로비를 할 수 있는 네트워크와 힘을 가지고 있다. 또한 러시아의 '소프트 파워'는 중앙아 5개국에서 어느 강대국보다도 강하다. 예를 들어 러시아의 대중 매체, 영화, 드라마, 연극 공연은 중앙아 주민들에게 큰 인기를 얻고 있다. 또한 중앙아 국가들은 러시아정부와 의회의 운영과 제도를 모방하고 있다. 극단주의와 테러에 대한 공동대응에 있어서도 러시아와 중앙아 5개국은 공동보조를 맞추고 있다.

미국의 아프간 철수 이후 중앙아 지역에서 러시아의 영향력은 더욱 강화될 수 있다. 이 지역 안정을 위해 미국이 떠난 힘의 공백을 러시아가 대신할 수 있기 때문이다. 특히 러시아와 중앙아 5개국의 우호적인 양자관계는 어느 강대국보다도 강한 유대감을 보여주고 있다. 러시아는 카자흐스탄과 EAEU 창설과 확장, 국경 안정과 에너지 협력, 우주, 원자력, 농업개발을 추진하고 있다. 또한 러시아는 한동안 소원했던 우즈베키스탄과의 관계도 미르지요예프 취임 이후 교역확대, 120억 달러규모의 투자 프로젝트추진, 군 장교 훈련 등을 재개하기로 합의하였다. 키르기스스탄에는 저렴한 에너지 공급을 하고 있으며 가스 파이프라인 건설도 논의 중이다. 투르크메니스탄과는 에너지, 교역증대를 추진하고 있다. 최근 러시아는 타지키스탄의 교역, 투자 1위국이 되었으며 군사교류도 긴밀하게 진행하고 있다. 러시아는 중앙아 국가들과 특별한 관계를 유지하면서 전통적 협력은 물론 새로운 협력모델도 지속적으로 개발하려고 시도하고 있다.

그동안 러시아는 중앙아 5개국을 자신의 영향권으로 잔류시키기 위한 노력을 해 왔다. 그럼에도 중앙아 5개국의 대러시아의존도는 계속 감소하고 있다는 평가다.[20] 중국의 부상과 중앙아 국가들의 경제성장으로 러시아가 차지하던 비중이 상대적으로 축소되고 있기 때문이다. 일부 전문가들은 중앙아에서 중국이 점차 러시아를 대신할 것이라고 전망한다. 중국과 러시아의 국력격차가 커지면서 러시아의 입지가 작아지고 있기 때문이다. 그러나 아직까지는 러시아와 중앙아 국가들의 정치, 안보, 경제, 문화, 인적네트워크는 여전히 강력하게 유지되고 있다.

### II장 결론

현재 러시아는 중앙아에서 여전히 강력한 역할을 하고 있지만 미래 지향적인 비전과 전략이 부족하다는 평가를 받고 있다. 러시아가 경제, 첨단기술, 투자 등에서 경쟁력을 키워서 중앙아 국가들의 매력적인 협력파트너가 되려는 노력이 부족한 것이다. 푸틴이 과도하게 제국주의적 강대국 열망에 빠져있어, 국력을 군비증강이나 전쟁을 쏟고 있는 점도 러시아의 약화를 초래하고 있다. 우크라이나 전쟁으로 흔들리는 러시아의 국제적 위상도 향후 중앙아에서 힘의 변화를 가져올 수 있다. 중앙아 5개국에서 러시아의 가장 큰 경쟁자는 점차 중국이 될 가능성이 높다. 시간이 흐를수록 중·러의 국력과 경제력 차이가 확대되고 있기 때문이다. 러시아가 이를 어떻게 극복하고 이 지역에서 지배력을 유지할 수 있을지가 관건이다.

1) Leonid Gusev, "The Importance of Central Asia for Russia's Foreign Policy," *Italian Institute for International Political Studies* 3 (2019).

2) 박상남, "러시아의 국가전략과 중앙아시아 (1991~2004)," 『역사문화연구』vol. 23 (2005), pp. 297-322.

3) 박상남, "중국의 서부전략과 중앙아시아," 『국제지역연구』vol. 8 no.4 (2005), p. 147.

4) Sher Khashimov, Raushan Zhandayeva et al., "Introducing the Central Asia Migration Tracker," Oxus Society for Central Asian Affairs (15 December 2020).

5) Alexander Lukin, "Russian-Chinese cooperation in Central Asia and the idea of Greater Eurasia," *India Quarterly: A Journal of International Affairs* 75-1 (2018), pp. 1-14.

6) 손무갑, "러시아의 유라시아 영향력 인식과 카스피해 입장 변화," 『해양안보』1-1 (2020), pp. 31-59.

7) Umida Hashimova, "Uzbekistan Joins Online Eurasian Economic Union Meeting as an Observer," The Diplomat (14 December 2020).

8) Umida Hashimova, "Will Tajikistan Ever Join the Eurasian Economic Union?," *The Diplomat* (10 August 2020).

9) 박상남, "한국, 중앙아시아 국가들의 다자협력 방안-EEU를 중심으로," 『아시아문화연구』vol. 38 (2015), pp. 79-102.

10) Putz, Catherine, "Kazakhstan: Please Don't 'Politicize' the Eurasian Economic Union," The Diplomat (9 June 2021).

11) 2015년에서 2020년 사이 러시아는 카자흐스탄무기의 91%, 키르기스스탄 무기의 98%, 타지키스탄 무기의 88%, 투르크메니스탄 무기의 12%, 우즈베키스탄 무기의 24%를 제공하고 있다. 투르크메니스탄의 경우 튀르키예산 무기가 41%, 중국산 무기 33%를 차지하고 있다. 우즈베키스탄은 중국산 무기가 28%로 러시아산 무기를 능가하고 있다.
https://www.sipri.org/databases/armstransfers, (검색일: 2022. 07. 20); Erica Marat, "China's Expanding Military Education Diplomacy in Central Asia," PONARS Eurasia (19 April 2021).

12) https://thediplomat.com/2022/01/uzbekistan-reacts-to-the-crisis-in-kazakhstan/ (검색일: 2022. 10. 13).

13) 1995년 12월 열린 유엔총회에서 투르크메니스탄은 영구중립국으로 인정받았다.

14) Abulkhairkhan Zhunisbek, "Russia's policy in Central Asia during the Putin Era," *Eurasian Research Journal* 1-2 (2019), pp. 39-50.

15) https://thediplomat.com/2022/01/after-kazakhstan-crisis-china-will-reassess-its-influence-in-central-asia/ (검색일: 2022. 10. 10).

16) https://www.voanews.com/a/kazakh-unrest-seen-boosting-russia-at-us-expense/

6394402.html, (검색일: 2022. 10. 13).

17) Maria A. Blackwood (2021), "Central Asia: Background and U.S. Relations," https://sgp.fas.org/crs/row/R46924.pdf, (검색일: 2022. 08. 22).

18) "Kazakhstan Rejects Proposal to Join Russian Sanctions-Busting Plans," Eurasianet, (7 June 2021).

19) 박상남, "신 현실주의 '체계이론' 관점에서 본 러시아-중앙아시아 관계 -정치, 안보, 경제공동체 건설을 중심으로," 『국제지역연구』 vol. 16 no. 4 (2013), pp. 53-76.

20) Kristiina Silvan, "Russian Policy towards Central Asia 30 years after the Collapse of the Soviet Union," *FIIA Briefing Paper* (November 2021).

# Ⅲ. 중국, 미국의 전략과 중앙아시아

## 1. 밀려오는 중화경제의 파고

### 중국의 대중앙아 정책목표

중국은 냉전시기 소련의 영토였던 중앙아 정책에 소극적이었으나 중소국경문제를 풀기 위해 1996년 SCO에 참여하면서 점차 적극성을 갖기 시작했다.[1] 중국의 대중앙아 정책은 국교수립과 과거 실크로드 연계성 복원으로 시작되었지만 점차 경제 진출에 관심을 갖기 시작했다.[2] 중국의 대중앙아 정책은 다음과 같은 핵심 목표에 기반하고 있다.[3] 첫 번째, 신장 위구르 분리 독립운동을 차단하기 위해 중앙아 5개국과 협력하는 것이다. 신장 위구르지역과 중앙아는 지리, 인종, 종교적으로 매우 밀접한 연관성을 가지고 있기 때문이다. 또한 중국에는 회족(回族)이라 부르는 이슬람 신자가 약 4천 5백만명에 이르며 주로 신장 위구르를 중심으로 전국에 걸쳐 거주하고 있다. 신장 위구르 독립운동은 대만, 티베트 문제와 함께 중국의 영토적 단일성 유지에 중요한 현안이다.

두 번째, 중국은 동부 중심의 경제개발로 인해 심각해진 지역 불균형문제를 해소하기 위해 서부지역을 개발 중이다. 중앙아는 중국의 서부지역을 유럽과 중동으로 연결하는 통로이기에 일대일로 건설의 핵심 거점지역이 되고 있다.

세 번째, 막대한 에너지, 광물자원이 필요한 중국에게 중앙아는 값싼 자원을 육로를 통해 안전하게 공급받을 수 있는 지역이다.[4)]

네 번째, 전략적 요충지인 중앙아 5개국은 군사안보차원뿐만 아니라 서부국경의 분쟁 예방을 위해서도 중요하다. 특히 이슬람 극단주의세력과 신장 위구르 분리 독립운동 세력과의 연계 차단이 중국의 주요 목표이다.

### 중국의 세력 확장이 가져올 변화

유라시아 대륙의 심장부인 중앙아 지역에서 일어나는 근본적이고 중요한 지정학적 변화는 바로 중국의 급속한 세력 확장이다. 중국은 중앙아 5개국에서 전통적 강자인 러시아를 대신할 수 있는 강대국으로 부상하고 있다. 2021년 미국의 혼란스러운 아프간 철수 역시 이 지역에서 중국의 영향력이 확장될 수 있는 기회가 되고 있다. 중앙아 지역과 광범위한 경제, 지리적 연결성을 가진 중국은 러시아가 우위를 보이는 안보, 내정문제를 우회하여 경제 진출에 집중하고 있다.[5)] 중국의 절제된 중앙아 접근은 다분히 러시아를 의식한 행보이다. 그러나 점차 경제규모가 커지는 중국의 영향력이 러시아를 능가하게 될 전망이다. 현재 중국은 중앙아에서 인프라 건설과 경제적 영토 확장에 집중하고 있지만 언젠가는 러시아의 정치, 안보적 역할을 분담하게 될 가능성이 있다. 경제력에서 중국과 러시아는 격차가 계속 늘어나고 있고 미군의 아프간 철수 이후에 중국은 타지키스탄 등에 무기지원을 늘리고 있다.[6] 또한 중국은 중앙아 국가들과 합동군사훈련, 2020년에 시작된 중국과 중앙아 5개국의 고위급 포럼인 C+C5를 통해 세력을 확장하고 있다. 러시아 영향력이 강했던 안보와 정치 영역에서도 보이지 않게 입지를 넓혀가고 있는 것이다.

냉전붕괴 이후 중앙아 5개국은 중국의 다자외교실험장이 되었다. 냉전시기 고립주의정책에 머물러있던 중국은 1996년 태동한 SCO를 통해 중앙아를 중심으로 한 다자협력 무대에 등장했다. 이후 중국은 2014년부터 시작된 일대일로를 앞세워 보다 적극적으로 중앙아에 진출하면서 인프라 건설을 주도하고 있다. 중국은 에너지 수입뿐만 아니라 민간 기업에 대한 투자도 늘려가고 있다. 이런 추세라면 중국은 러시아를 제치고 조만간 다양한 분야에서 중앙아에서 가장 강력한 강대국이 될 가능성이 있다.

중국의 중앙아 진출방식은 점차 현지 친화적이고 유연한 방식으로 진화하고 있다는 평가다. 예를 들어 중국기업은 중앙아 5개국이 역점을 두는 제조업 육성정책에 부응하여 현지에 공장을 짓고 노동자들을 교육을 시킨 후 고용하고 있다.[7] 중국에 대한 현지인들의 부정적 여론도 적지 않지만 최근 들어 많은 중앙아 청년들이 유학이나 사업을 위해 중국으로 떠나면서 인적교류도 활발해지고 있다. 중국정부는 소프트파워 강화를 위해 중앙아에 교육, 장학프로그램 운영, 다양한 봉사활동을 지원하고 있다.[8] 중국을 방문하고 교육이나 장학금 혜택을 받은 중앙아 젊은이들이 많아질수록 친중 인사들도 늘어날 것이다. 그러나 교류가 활발해지면서 중앙아 국가들의 대중국 종속이 커질 것이라는 우려도 나오고 있다.[9] 또한 아직은 중국이 중앙아 지역에서 러시아의 정치, 안보적 역할을 대체할 정도는 아니며 경제적으로도 완전히 능가하지도 못하고 있다는 평가다. 그만큼 중앙아 5개국과 러시아의 연계성이 밀접하다는 이야기이다.

한편 우크라이나 전쟁은 중앙아에서 러·중의 역학관계에 적지 않은 영향을 줄 전망이다. 우크라이나 전쟁으로 중국의 존재감이 상대적으로 커지는 반면, 러시아의 영향력은 축소될 가능성이 있다. 러시아의 호전성을 목격한 중앙아 5개국의 경계심이 커졌기 때문이다. 카자흐스탄, 우즈베키스탄은 러시아의 우크라이나 침공과 주권침해에 우려와 당혹감을 표명하기도 했다. 또한 전쟁비용지출과 서방의 경제제재로 러시아가 국력이 고갈되면서 중앙아 국가들의 협력파트너로서 매력도 줄어들고 있다. 때문에 시간이 지날수록 약화된 러시아의 정치, 경제적 영향력을 중국이 대신할 가능성도 배제하기 어렵다.

### 반중정서 형성

중국의 중앙아 진출이 가속화될수록 일부 현지인들의 반중정서 또한 커지고 있다.10) 특히 중국의 일대일로가 중앙아 국가들의 인프라 구축과 경제발전에 긍정적 역할도 하지만 대외채무증가와 중국인노동자 유입 등 부작용도 뒤따르고 있다. 중앙아 일부에서는 중국에게 길만 내주고 빚만 떠안는 것 아니냐는 불만이 표출되고 있다. 중국에 과도하게 종속될지 모른다는 우려도 비등하고 있다.11) 키르기스스탄정부는 중국부채 상환이 어려울 경우 천연자원 채굴권을 넘기는 협정에 동의함으로써 주민들의 반발을 사고 있다. 또한 인프라 건설에서 현지인보다 중국인이 우선 고용되는 것도 주민들의 불만을 사고 있다. 키르기스스탄에서는 환경오염, 채무증가, 중국인의 취업과 결혼증가에 항의하는 시위가 발생하기도 하였다.12) 여성이 부족한 중국에서 미혼 남성이 신부를 찾기 위해 들어와 결혼하고 눌러앉는다거나 중국이 중앙아를 병합하려고 한다는 소문이 돌기도 한다.13) 카자흐스탄에서도 2016년 중국 농민 유입과 농지임대에 반대하는 시위가 있었다. 2017년 신장 지역에서는 중국 정부의 잔인한 인권탄압으로 약 100만여 명이 넘는 위구르, 카자흐계 주민이 신장 위구르 지역 수용소에 수감되었다.[14)] 2021년에는 이에 항의하는 카자흐 시민들의 시위가 발생하기도 하였다.[15)] 소련 시기부터 있었던 중국 혐오(Sinophobia)와 멸시정서가[16)] 최근 들어서는 자국이익 추구, 인권탄압, 중화민족주의에 대한 거부감으로 표출되고 있다. 중국이 주변국을 존중하고 공동번영을 추구하는 겸손하고 세련된 외교로 전환하지 않으면 반중 정서는 더욱 악화될 가능성이 있다.

[표 4] 중앙아시아 내 중국의 '일대일로' 주요 프로젝트

| 국가 | 프로젝트명 | 주요 내용 |
|---|---|---|
| 카자흐스탄 | 호르고스 물류 특구 | 카자흐스탄과 중국의 국경지역, 호르고스에 내륙항과 경제특구 건설 |
| | 서유럽-서중국 국제회랑 | 카자흐스탄을 통해 중국과 서유럽을 연결하는 도로(전체 8,445km, 카자흐스탄 구간은 2,787km) |
| | 아스타나 도시경전철 | 공항과 아스타나를 연결하는 경전철 건설 |
| 우즈베키스탄 | 캄칙 터널 | 우즈베키스탄 북서부 지역과 다른 지역을 연결하는 19km의 철도 터널 건설 |
| 키르기스스탄 | 중국, 키르기스스탄, 우즈베키스탄 도로 | 신장 위구르-키르기스스탄 오쉬-우즈베키스탄 타슈켄트 간 도로 건설 |

러시아, 카자흐스탄, 키르기스스탄은 EAEU 창설을 통해 밀려오는 중화경제의 확장을 견제하려 한다.[17)] 이를 의식한 듯 중국은 러시아, 중앙아 국가들과 신뢰구축에 노력하면서 다양한 인적 교류를 확대하여 대중국 경계심[18)]을 완화하고 있다. 또한 중국은

EAEU 회원국인 카자흐스탄, 키르기스스탄을 통해 러시아시장에 진출을 시도하고 있다. 그러나 중앙아에서 중국의 영향력이 성장할수록 의무와 책임도 무거워질 것이다. 그동안 중국은 러시아와 미국이 구축해 놓은 중앙아 안보환경에 무임승차하면서 경제적 이익에 집중해왔다. 그러나 이제 중국도 책임 있는 강대국으로 비용을 지불해야 할 시기가 왔다. 돈벌이가 되는 비즈니스뿐 아니라 아프가니스탄과 중앙아 5개국 안정과 발전을 위해 중국의 역할과 비용분담이 필요하다.

## 2. 미국의 비용전가와 균형유지 전략

### 미국의 대중앙아 정책목표

역사적으로 중앙아는 언제나 유라시아 대륙의 패권을 꿈꾸는 세력들의 치열한 각축장이었다.[19] 미국은 1991년 구소련 붕괴 이후 독립한 중앙아 5개국이 러시아, 중국, 이슬람세력을 동시에 견제할 수 있고 풍부한 에너지자원을 보유한 지역이라는 점에 주목했다. 미국의 대중앙아 정책목표는 신생국의 항구적 독립유지와 안정, 민주적 개혁과 성숙한 시장경제로의 이행, 러시아, 중국, 테러리즘을 견제하고 마약을 근절할 수 있는 거점으로 활용하는 것이다.[20] 2019년에 발표된 미국의 중앙아 정책목표 역시 이러한 바탕 위에 아프가니스탄 안정을 위한 중앙아 5개국의 역할증대와 미국의 대중앙아 투자, 인재육성 지원 필요성이 강조되고 있다. 미국은 2021년 아프간 철군 이전에는 아프가니스탄과 우즈베키스탄, 타지키스탄, 파키스탄을 경제, 안보, 문화적으로 연결하려고 노력했다.[21] 이는 중앙아를 통해 아프가니스탄을 국제사회와 연결하려는 구상이었다.

지금까지 미국의 대중앙아 투자는 약 910억 달러에 달하고 있지만 뚜렷한 성과는 보이지 않는다. 미국은 중앙아 정책을 재정비하면서 2015년에는 C5+1(중앙아 5개국+미국 다자협의체)을 출범시키며 관여를 강화하려는 의도를 가지고 있다.[22] 앞으로도 이 지역에서 미국의 주요 목표는 러시아는 물론 중국을 억제하는 것이다.

그동안 미국의 중앙아 정책목표는 러시아, 중국, 이란, 이슬람 극단주의 세력을 동시에 견제하기 위해 신생국들의 독립과 독자 발전을 지원하면서 자국의 경제적 이익도 추구하는 것이다. 그러나 중앙아에서 러시아, 중국 억제라는 전략적 목표는 미군의 아프간 철군 이후 추진력이 답보상태에 있다. 이 지역에서 러·중 연대의 영향력은 확장되는 반면 미국의 영향은 줄어들고 있다. 특히 역외세력인 미국은 러·중에 비해 불리한 지정학적 조건을 가지고 있으며 2008년 금융위기 이후에는 국력도 약화되고 있다.

### 미국의 오판과 오만

그러나 미국의 가장 큰 실수와 오판은 일극 체제하에서 오만하게 수행해 온 대외정책이었다. 소련 붕괴 이후 세계 유일 강대국으로 등극한 미국은 중앙아 5개국의 전통적 강자였던 러시아를 배제하고 2001년 10월 아프가니스탄에서 테러와의 전쟁을 벌였다. 뿐만 아니라 미군은 한때 우즈베키스탄과 키르기스스탄에 주둔하기도 하였다. 더욱이 미국 뉴욕 한복판에서 9.11테러가 발생하자 푸틴은 미국을 돕겠다고 선언했지만, 당시 미국은은 이를 무시했다. 이 모든 상황은 러시아국민들과 푸틴에게 모멸감을 주기에 충분했다. 미군의 중앙아 진출에 안보적 위기감을 느낀 러·중은 더욱 결속하게 되었다. 미국의 이러한 일방적이고 오만한 대외정책이 결과적으로 러시아를 친미세력에서 견제세력으로 돌아서게 만들었다. 또한 역내 최강자였던 러시아의 협력을 거부한 미국은 중앙아에서도 영향력이 하락될 수밖에 없었다. 당시 부시가 푸틴의 제안을 진지하게 받아들였다면, 그리고 러시아와 협력하며 테러와의 전쟁에 나섰다면 국제질서는 물론 중앙아에서 미국의 입지는 지금과는 많이 달라졌을 지도 모른다.

뿐만 아니라 인권과 민주주의를 중시하는 미국의 대외정책은 종종 권위주의 국가들과 갈등을 야기했다. 미·중, 미·러 갈등 역시 궁극적으로는 가치의 대립이다. 미국은 일부 의원들을 중심으로 중앙아 5개국의 권위주의 독재, 인권과 언론탄압, 부패에 대한 압력을 행사해왔다.[23] 중앙아 5개국 정권들은 미국정치인들의 이러한 행보를 불편해했다. 인권과 민주주의는 인류의 보편적 가치이지만 이것이 강요나 압력처럼 느껴지면 오히려 권위주의 정권 강화에 역이용 당할 수 있다는 점도 고려할 필요가 있다. 때문에 미국의 대외정책은 국가별 발전단계와 문화를 고려하면서 보다 신중하게 접근할 필요성이 있었다.

한편 1991년 소련 소멸로 세계유일 강대국이 된 미국이었지만 중앙아 5개국에서 만큼은 인접 강대국인 러시아, 중국에 비해 불리한 지정학적 조건 때문에 영향력이 제한적이었다.[24] 이 지역과 정치, 안보, 경제, 지리적 연계성이 강한 러시아, 중국이 미국보다 유리한 조건을 가지고 있었기 때문이다. 2006년부터 2018년까지 투르크메니스탄을 제외한 중앙아 4개국 시민들을 대상으로 한 여론조사결과는 중앙아에서 미국의 열세를 보여주고 있다. 중앙아인들은 러시아 80%, 중국 46%, 미국 30% 순으로 신뢰한다고 답했다.[25] 이 지역에서 미·중·러 3개국의 위상과 영향력을 보여주는 조사결과이다. 조사대상자의 약 3분의 1이 미국에 대한 의견을 보류하였다는 것을 고려하더라도 중앙아 4개국에서 미국이 중국보다 더 부정적으로 인식되는 것은 의외이다. 이런 결과는 여러 요인이 있겠지만 먼저 중앙아 주민들이 많이 시청하는 러시아 언론의 미국에 대한 부정적 보도가 원인 중 하나일수 있다. 러시아 언론은 미국의 대외정책을 음모로, 자유민주주의는 허구로, 영화·음악 등 문화는 퇴폐적인 것으로 보도하고 있다. 이러한 언론보도는 러시아 정부의 정치선전내용이 반영된 것이지만 미국에 대한 객관적 정보나 개인적 교류가 거의 없는 중앙아 주민들에게 많은 영향을 미치고 있다. 중앙아인들은 미국의 젠더 및 성소수자 차별금지 정책도 음모론으로 바라보았다. 중앙아 주민들은 미국이 동성애자와 테러리스트에게 자금을 지원하여 이슬람국가의 인구증가를 저지하려 한다는 음모론에 영향을 받기도 한다. 중앙아 주민들이 언론을 통해 미국에 대해 비판적인 러시아의 정치 선전내용이 영향을 주었다고 볼 수 있다. 그럼에도 중앙아인들은 미국의 우수한 교육, 과학기술, 삶의 질, 경제 규모에 대해서 좋은 이미지를 가지고 있었으며 교류를 원한다고 답했다. 미국은 이러한 불균형적 인식을 바로잡기 위해서 현지인들이 원하는 교육, 경제 분야에서 보다 적극적으로 대응할 필요가 있다.26)

### 세계 경찰국가 퇴조

2008년 금융위기 이후 미국 중심의 세계질서가 약화되자 러시아는 조지아, 시리아, 우크라이나에서 군사행동에 나섰다. 급성장한 중국 역시 경제, 안보, 가치 측면에서 미국에 도전의사를 분명히 하고 있다. 미국은 중국을 모든 분야에서 자국에 도전할 수 있는 경쟁자로 보고 있다. 때문에 중국 억제에 군사력과 자원을 집중해야 하는 미국은 2021년 아프간철수를 단행했다. 약 20여년에 걸친 아프간 주둔으로 엄청난 재정적 손실을 입은 미국은 자국의 힘만으로는 더 이상 이 지역의 안정과 발전을 보장하는 것이 불가능하다는 것을 깨달았다. 특히 미국 엘리트들은 스스로 자신들을 지키고 개혁할 의지가 없는 국가를 지원한다는 것이 무의미하다고 말하고 있다.

2021년 미군의 아프간 철수로 중앙아 5개국에서 미국의 군사적 영향력도 약화되었다. 등거리 외교에 능한 이 지역 국가들과의 협력유지비용 증가도 미국에게 부담을 주어왔다. 미국은 이에 대한 타개책으로 러시아와 중국에게 아프간을 비롯한 중앙아의 안정과 발전에 대한 책임과 비용을 분담시키려고 하고 있다.[27) 향후 미국은 아프가니스탄과 중앙아 5개국의 안보와 경제발전에 대한 중·러의 책임과 역할을 강조하면서 자신은 세력균형자, 안보 관리자로서 적정한 수준의 개입과 지원을 모색할 전망이다.

글로벌 차원에서도 미국은 세계경찰국가로서 역할에 한계를 보이고있다. 미국은 러시아의 조지아, 우크라이나 침공, 미얀마 군사정부의 잔인한 민주화 시위 진압에도 무기력한 대응을 보여주었다. 국제규범, 인권, 민주주의 가치를 내세우면서도 이를 수호할 단호한 행동은 보여주지 못한 것이다. 미국은 무기지원과 경제제재를 통해 우크라이나를 지원하고는 있지만, 사전에 강력한 전쟁억제력을 보여주지 못했다. 미국은 핵 강국인 러시아와 3차 대전을 우려하며 미리 군사 불개입 선언을 함으로써 푸틴이 안심하고 우크라이나를 침공할 수 있는 길을 열어주었다는 비판을 받고 있다. 또한 미국은 전쟁을 사전예방하는 외교적 능력도 충분히 보여주지 못했다.

러시아는 나토가 동유럽을 넘어 구소련영역이었던 우크라이나, 조지아로 확장하는 것을 경고해왔다. 푸틴은 나토의 확장과 우크라이나, 조지아 민주화 시위가 러시아를 약화시키려는 미국의 음모와 연관이 있다고 비난해왔다. 사실여부를 떠나 미국은 러시아의 우려를 충분히 존중하면서 전쟁의 비극을 예방할 평화적 해결방안을 적극적으로 찾고 중재했어야 했다. 미국의 약화와 소극적인 태도는 향후 더 많은 국제분쟁을 야기될 수 있다는 점에서 평화를 추구하는 국가들의 공동대응이 필요한 시점이다. 미국만 바라보던 시대가 끝나고 모든 국가가 국제평화와 공존에 책임을 지는 노력과 대응이 필요한 시점이다.

## 3. 중앙아의 생존방안과 역내 통합

### 중앙아 갈등해소와 협력 가능성

살펴본 바와 같이 역사, 문명적으로 중앙아 5개국은 분리될 수 없는 하나의 초원유목문명권에 속했다. 경계 없는 거대한 초원 안에서 중앙아의 다양한 씨족, 부족, 지역들은 오랜 시간 함께 공존해왔다. 20세기 초만 하더라도 중앙아에는 현재와 같은 국경과 민족 구분이 존재하지 않았다. 1924년이 돼서야 구소련정부는 중앙아를 분할통치하기 위해 지금의 경계를 만들기 시작했다.[28] 그러나 주민분포를 고려하지 않은 경계와 민족구분은 훗날 많은 분쟁의 소지를 남겼다. 예를 들어 대대로 함께 살던 마을 한가운데에 어느 날 갑자기 국경이 그어지는 경우도 있었다. 이렇게 생긴 소연방의 지방행정구역 경계선은 1991년 중앙아 5개국의 독립과 함께 국경선이 되고 말았다. 중앙아 신생국들은 새로운 국경선에 따라 서로 다른 국가정체성을 급조하기 위해 국가별 민족주의를 조장하였다. 그러나 오랜 기간 하나의 유목문명권이었던 중앙아를 여러 국가로 분할하면서 많은 혼란이 따르고 있다. 대표적으로 타직, 우즈벡, 키르기스인이 혼재되어 살아가는 페르가나 지역과 러시아인이 많이 거주하는 카자흐스탄 북부지역은 분쟁 위험부담이 증가한다. 특히 과거 그리스, 아랍, 몽골, 투르크 민족 등이 번갈아 지배하면서 다양한 문화가 융합된 모자이크문명을 대표하는 페르가나지역은[29] 현재도 우즈베키스탄, 키르기스스탄, 타지키스탄의 국경이 교차하면서 분쟁이 이어지고 있다. 다행스럽게도 국지적인 분쟁은 있지만 국가 간 전쟁으로 확대되지는 않고 있다.[30]

### 역내 통합 가능성과 한계

한편 소련 지배 이후 도시를 중심으로 정착생활이 확산되면서 유목생활은 거의 사라지고 있다. 그러나 유목문화 전통과 사회적 관습은 중앙아 5개국에 여전히 영향을 미치고 있다. 뿐만 아니라 이슬람종교, 투르크계 언어, 제정러시아와 소련 지배의 영향을 공유하는 중앙아 5개국은 정치·경제·사회·문화적으로 많은 공통점을 가지고 있다. 이러한 높은 수준의 유사성은 중앙아 통합에 유리한 자산이다. 그러나 현재 물류 인프라, 에너지 송유관 연결로 역내교역이 증가하고 있지만 통합노력은 상대적으로 소극적이다. 안보, 경제, 물류 인프라, 국경분쟁, 수자원 공유, 아랄해 고갈 등 협력의제가 산적해 있어 중앙아 차원의 공동대응과 협력 필요성은 계속 제기되고 있다.

역내 통합을 방해하는 요인은 먼저 1991년 독립한 신생국들이 새로운 국가 정체성을 급조하기 위해 경쟁적으로 각자의 역사, 문화, 민족 정체성을 차별화하기 위해 중앙아 주민들을 분열시켜왔다는 점이다. 이러한 정체성 분리 과정에서 중앙아 주민들의 심리적 거리감은 계속 멀어지고 있다. 주민들은 이제 유목 문명의 후손이라는 공동의 정체성보다는 개별국가의 민족주의에 더 많이 기울게 되었다. 또한 수자원 배분, 국경 분쟁, 역내 주도권을 둘러싼 알력 등으로 갈등과 불신이 누적되어왔다.[31] 특히 기후변화로 더욱 심각해지는 수자원 부족은 중앙아 국가들이 함께 대책을 세워야만 해결 가능한 사안이다.[32] 중앙아 양대 강국인 카자흐스탄과 우즈베키스탄의 역내 주도권 경쟁도 통합에 걸림돌이다.[33] 뿐만 아니라 상대적으로 규모가 작은 타지키스탄과 키르기스스탄은 통합이 되면 규모가 큰 주변 국가에 종속될 것이라고 우려하고 있다.

아울러 수면 위로 드러나지는 않지만 중앙아가 단일한 세력권으로 통합되는 것을 꺼리는 러시아와 중국의 입김도 변수이다. 특히 러시아는 소련시절부터 중앙아 분할통치를 선호해왔다. 하나로 통합된 거대한 중앙아를 상대하는 것은 부담스러운 일이기 때문이다. 중국도 중앙아가 5개국으로 나누어져 있는 것이 상대하기 쉬울 것이다. 때문에 중앙아 통합이 성공하려면 러·중 양국의 동의와 지지도 넘어야 할 산이다.

### 러·중이 주도하는 다자협력

중앙아에서 러시아와 중국의 이해가 일치하는 공동목표는 미국견제, 역내 국경문제 해결과 안정, 이슬람 과격세력 유입차단 등이다. 중·러 양국은 이러한 목표달성을 위해 다양한 다자기구를 주도하고 있다. 그러나 중앙아 5개국의 입장에서 볼 때 이들 다자기구가 주로 러시아와 중국의 입장이 많이 반영되고 있다는 점이 문제다. 예를 들어 EAEU와 CSTO는 러시아의 제국주의적 목표가 내포되어 있다. SCO는 러·중 양국의 세계전략을 수행하는 기구로 발전하고 있다. 다자협력이 대부분 러·중 양국의 의사를 우선적으로 반영하며 중앙아 국가들의 발언권은 상대적으로 약하다.[34] 또한 러시아의 구소련권 통합노력이나 중국의 일대일로 물류망 건설에 중앙아 국가들이 종속될 가능성도 크다.[35] 중앙아 5개국 역내 교역 비중이 러시아, 중국과의 교역비중보다 현저하게 낮은 점도 통합의 한계로 볼 수 있다. 그러나 통합이 성사되면 역내 교역이 활성화되고 내부갈등 해소와 외부개입에 공동대처할 수 있다는 장점이 있다.

[표 5] 중앙아시아 국가들의 주요 기구 참여현황

| | EAEU | CSTO | SCO | CIS |
|---|---|---|---|---|
| 카자흐스탄 | 0 | 0 | 0 | 0 |
| 우즈베키스탄 | 옵저버 | 2012년 탈퇴 | 0 | 0 |
| 키르기스스탄 | 0 | 0 | 0 | 0 |
| 타지키스탄 | - | 0 | 0 | 0 |
| 투르크메니스탄 | - | - | - | 옵저버 |

[표 6] 중앙아시아 국가들과 외국과의 협의체

| 국가 | 명칭 | 최근 개최일(개최 횟수) |
|---|---|---|
| 러시아 | 중앙아+러시아 장관급 회의 | 2021년 7월 (4차) |
| 중국 | C+C5(중국+중앙아 외무장관 회의) | 2021년 5월 (제2차) |
| 미국 | 5+1(중앙아+미국 외무장관 회의) | 2021년 5월 |
| EU | EU+중앙아시아 장관회의 | 2020년 10월 (16차) |
| 인도 | 인도+중앙아시아 외무장관회의 | 2020년 10월 (제2차) |
| 한국 | 한+중앙아시아 협력포럼 | 2020년 11월 (13차) |
| 일본 | 중앙아시아+일본 회의 | 2021년 6월 (14차) |

여러 장애요인에도 불구하고 중앙아 5개국이 EU와 같은 단일한 경제공동체로 통합할 가능성은 여전히 남아있다. 나토와 러시아의 대립, 미·중 경쟁, 코로나19, 미군의 아프가니스탄 철군 등으로 국제정세가 동시 다발적인 위기에 직면하자 중앙아 차원의 공동대응이 필요해졌기 때문이다. 그동안 카자흐스탄은 역내 통합에 가장 적극적이었고 우즈베키스탄도 최근 들어 주도적으로 가담하고 있다. 2017년 집권한 미르지요예프 우즈벡 대통령은 관세인하, 투자 활성화를 위한 민간기업 포럼 신설 등 역내 경제통합방안을 적극 제안하고 있다.[36] 2018년 미르지요예프 대통령의

제안으로 정례적인 중앙아 5개국 정상회의가 출범하게 된 것은 희망적인 변화이다. 그러나 2022년 7월 키르기스스탄에서 개최된 5개국 정상회의에서 타지키스탄과 투르크메니스탄 대통령이 '상호 우호 친선협정'에 서명을 거부함으로써 난관에 부딪치고 있다. 타지키스탄이 서명하지 않은 것은 키르기스스탄과의 국경분쟁이 아직 해결되지 않았기 때문이라는 분석이다. 그럼에도 불구하고 회담의 주요 의제가 중앙아 국가들의 대러시아, 대중국의존도 축소와 역내 협력 강화였다는 점에서 의미를 부여할 수 있다. 날로 점증하는 러시아, 중국에 대한 의존도를 줄이는 것은 중앙아 5개국의 독립과 독자발전을 위해서도 매우 중요한 과제이기 때문이다. 키르기스스탄과 타지키스탄의 경우 수백만의 자국 노동자들이 러시아에서 벌어들인 송금에 의존하고 있다.[37] 중국과의 협력이 증가하면서 종속을 우려하는 목소리도 커지고 있다.

살펴보았듯이 중앙아 5개국이 러시아, 중국에 종속되지 않고 독자적인 발전을 도모하려면 역내 통합이 필요하다. 중앙아 통합 성사 여부는 5개국 정상회의 성공, 역내 갈등요인과 국가별 대외정책의 차이 극복, 러·중의 지지 등이 이루어져야 한다. 만약 중앙아 역내 통합이 성공한다면 약 7천 7백50만 인구를 가진 큰 시장의 출현과 국내외적 도전에 공동 대응할 수 있는 시너지 효과를 기대할 수 있다. 특히 상호 존중, 평등, 내정불간섭 원칙을 기반으로 통합을 추진해 온 EU와 ASEAN은 중앙아 통합의 모델이 될 수 있다.[38]

## III장 결론

중국의 성장은 유라시아 대륙 중앙부에서 중대한 힘의 변화를 가져올 가능성이 높다. 중국이 중앙아에서 지속적인 세력 확장에 성공한다면 중·러 관계도 변화를 맞이할 것이다. 특히 우크라이나 전쟁으로 급격한 국력 약화가 예상되는 러시아를 대체할 세력으로 중국이 부상할 수도 있다. 미국은 중앙아에 군사 안보적으로 직접 개입하기보다는 중국과 러시아의 경쟁이 어느 한쪽으로 기울지 않도록 관리하는 정책을 펼 것으로 전망된다. 중앙아가 어느 특정국가의 영향권에 예속되는 국제질서의 세력균형이 깨지는 것을 의미한다. 미국에게 유리한 구도는 중앙아에서 중·러가 어느 쪽도 우위를 차지하지 못하고 경쟁하며 서로 견제하는 구도일 것이다. 중앙아 5개국의 통합가능성은 과거보다는 희망적이다. 우크라이나 전쟁으로 중앙아 국가들이 연대의 필요성을 절감했기 때문이다. 역내 통합이 성공한다면 중앙아가 정치, 경제적으로 자율성을 유지하며 유라시아 대륙의 완충지대로 발전할 가능성이 높아질 것이다.

1) Alexander Lukin, "Russian-Chinese cooperation in Central Asia and the idea of Greater Eurasia," *India Quarterly: A Journal of International Affairs* 75-1 (2018), pp. 1-14.

2) 주장환, "중국의 대중앙아시아 경제 전략의 변화: '실크로드의 복원'에서 'Greater China'로의 편입," 『대한정치학회보』18권 2호 (2010), pp. 217-238.

3) 박상남, "중국의 서부전략과 중앙아시아,", 『국제지역연구』vol. 8 no. 4 (2005), pp. 147-170.

4) Carla P. Freeman, "New strategies for an old rivalry? China-Russia relations in Central Asia after the energy boom," *The Pacific Review* 31-5 (2017), pp. 635-654.

5) Alexandros Petersen, Raffaello Pantucci, *Sinostan : China's Inadvertent Empire* (Oxford University Press, 2022).

6) Data from SIPRI Arms Transfers Database. Bradley Jardine and Edward Lemon, "Avoiding Dependence? Central Asian Security in a Multipolar World," Oxus Society for Central Asian Affairs, (28 September 2020) 참조.

7) Dirk van der Kley (2021), "How Central Asians Pushed Chinese Firms to Localize."

8), Niva Yau, "China Polishes Its Image in Central Asia Through the Soft Power of Language," Open Democracy, (23 March 2021).

9) Raffaello Pantucci (2022), https://www.voanews.com/a/voa-interview-raffaello-pantucci-co-author-of-sinostan-china-s-inadvertent-empire/6658514.html, (검색일: 2022. 10. 13).

10) Catherine Owen, "The sleeping Dragon is gathering strength": Causes is Sinophobia in Central Asia," *China Quarterly of International Strategic Studies* 3-1 (2017), pp. 101-119.

11) Reid Standish (2022), "How China Built An 'Inadvertent Empire' In Central Asia" https://www.rferl.org/a/china-central-asia-sinostan-inadvertant-empire/31802032.html, (검색일: 2022. 08. 27).

12) https://www.opendemocracy.net/ru/odr-ru/anti-kitaiskie-protesty-kyrgyzstan/ (검색일: 2022. 07. 20).

13) Eric McGlinchey and Marlene Laruelle, "Explaining Great Power Status in Central Asia: Unfamiliarity and Discontent," The Owl in the Olive Tree, (29 October 2019).

14) Alexandros Petersen, Raffaello Pantucci (2022) 참조.

15) https://www.caspianpolicy.org/anti-china-protests-held-in-several-kazakhstani-cities/, (검색일: 2022. 07. 20); Aminjonov. F., "BRI in Central Asia: Overview of Chinese Projects," *Central Asia Regional Data Review* 20

(2019); Putz, Catherine, "Kazakhstan: Please Don't 'Politicize' the Eurasian Economic Union," (9 June 2021)

16) Catherine Owen (2017), pp. 101-119.

17) Temur Umarov (2020), "China Looms Large in Central Asia", https://carnegiemoscow.org/commentary/81402, (검색일: 2022. 08. 27).

18) Eric McGlinchey and Laruelle (2019).

19) Alireza Koohkan, Azin Sahabi, "US policy in Central Asia under Bush and Obama," *Central Eurasia Studies* 11-1 (2018), pp. 215-229.

20) 박상남, "탈 냉전기 미국의 대중앙아시아 정책과 함의: 구조적 현실주의 관점에서," 『동북아연구』제29권 1호 (2014), pp. 80-82.

21) U.S. Department of State, "Announcing the U.S.-Afghanistan-Uzbekistan-Pakistan Quad Regional Support for Afghanistan-Peace Process and Post Settlement," (16 July 2021).

22) United States Strategy for Central Asia 2019-2025: Advancing Sovereignty and Economic Prosperity (Overview) https://www.state.gov/united-states-strategy-for-central-asia-2019-2025-advancing-sovereignty-and-economic-prosperity/, (검색일: 2022. 10. 13).

23) N. Schenkkan and I. Linzer, *Out of Sight, Not Out of Reach* (Freedom House, 2019), pp. 48-49.

24) 박상남 (2014), pp. 79-116.

25) Eric McGlinchey and Marlene Laruelle (2019).

26) Eric McGlinchey and Marlene Laruelle (2019).

27) 박상남 (2014), pp. 79-116.

28) Dagikhudo Dagiev, *Regime Transition in Central Asia Stateness, nationalism and political change in Tajikistan and Uzbekistan* (Routledge, 2014), pp. 14-36.

29) 정세진, "소련의 1924-1929년 중앙아시아 국경 경계 획정과 민족 정체성 함의: 공동의 정체성에서 개별적 정체성으로," 『슬라브 연구』 36-3 (2021), pp.103-137.

30) Daniel L. Burghart, Theresa Sabonis-Helf(2018), pp. 341-366.

31) 조영관 (2022), "중앙아시아의 독자적 지역협력 모색, 정상회의 출범," http://diverseasia.snu.ac.kr/?p=5485, (검색일: 2022. 07. 20).

32) 김진욱, 김정인, 홍준근, "중앙아시아의 수자원 문제와 국가 간 협력 방안," 『유라시아 연구』14-3 (2017), pp. 1-25.

33) Yuriy Malikov(2019), pp. 395-414.

34) Sebastien Peyrouse, "Caught Between Two Big Powers? Central Asia Under the Weight of Russian and Chinese Influence," The Asan Forum, (16 December 2016).

35) Daniel L. Burghart, Theresa Sabonis-Helf(2018), pp. 193-214.

36) Adam Saud, “Changing Dynamics of Uzbekistan’s Foreign Policy Under Shavkat Mirziyoyev: Prospects for Central Asian Regional Economic Integration,” *Central Asia* 82 (Summer 2018) pp. 1-35. https://doi.org/10.54418/ca-82.80, (검색일: 2022. 08. 10).

37) “Tajikistan, Turkmenistan Refuse To Sign Friendship Treaty At Central Asian Summit,” https://www.rferl.org/a/central-asia-summit-failure-cooperate/31955695.html. (검색일: 2022. 07. 20).

38) Shoirakhon Nurdinova (2022), “중앙아시아 역내 통합 구상의 현황과 전망,” https://www.emerics.org:446/issueDetail.es?brdctsNo=330961&mid=a10200000000&systemcode=04, (검색일: 2022. 07. 20).

# 4부

## 한인(고려인)의 정착과정과 한, 중앙아 관계

4부에서는 한-중앙아 역사를 이어주는 한인(고려인)들의 이주와 정착과정에서 우리가 기억해야 할 것은 무엇인지? 아울러 수교 이후 한·중앙아 관계를 평가하고 미래 협력방안은 무엇인가? 에 대해 서술하였다.

알타이시대부터 이어져 온 한국과 중앙아 초원의 연결은 19세기 말 한인들의 연해주 개척과 중앙아 강제이주로 맥을 잇고 있다. 또한 1991년 한-중앙아 수교 이후 양 지역의 협력은 더욱 활성화되고 있다. 중앙아 한인들은 험난한 역사를 부지런한 생명력과 적응력으로 극복하면서 성공한 소수민족으로 뿌리를 내리고 있다. 한인들이 한국과 중앙아를 잇는 인적 네트워크가 될 수 있도록 세심한 배려와 지원이 필요하다. 수교 이후 한·중앙아 관계는 많은 발전에도 불구하고 한계도 가지고 있다. 무엇보다도 민간의 실질적 투자와 협력을 지원할  정부차원의 제도적, 금융적 인프라 구축이 필요하다. 특히 한-중앙아가 함께 '21세기 유라시아 협력네트워크' 재건을 추진하는 것도 공존과 평화의 국제사회를 만드는 데 기여할 것이다.

# I. 고난과 생명력의 길, 중앙아 한인의 여정

## 1. 기억해야 할 한인의 이주역사

### 신순남 화백을 통해 본 한인의 이주역사 3단계

우리는 우즈베키스탄의 대표적인 한인 예술가인 신순남(니콜라이 신) 화백의 작품세계를 통해 강제이주가 한인들에게 남긴 상흔과 그 극복과정을 살펴볼 수 있다. 신 화백은 1928년 러시아 연해주에서 태어나 10세가 되던 해인 1937년 중앙아시아로 강제이주되었다. 그가 어린 시절 목격한 중앙아 강제이송과 초창기 정착과정에서 희생된 수많은 죽음은 신 화백의 평생에 걸친 트라우마가 되었다. 그의 작품세계를 지배한 주된 주제 역시 강제이송과정에서 희생된 영혼들에 대한 '죽음과 애도'였다. 그의 그림은 모국인 조선 문화에 대한 기억을 바탕으로 러시아, 중앙아시아, 유럽의 예술적 기법을 결합해 가면서 화백의 상처를 '초국적 문화정체성'으로 승화해 나아가는 과정을 보여주고 있다.[1] 그의 작품세계에는 상처를 극복해가는 한인들의 삶과 몸부림이 그대로 담겨 있다. 그는 한인들의 삶과 애환을 표현한 화가이자 동양의 피카소로 세계적인 명성을 얻었다.

한인들의 이주 역사는 제정러시아시기 연해주, 소련시기, 그리고 1991년 중앙아 국가들의 독립 이후시기로 나누어 볼 수 있다. 이 고난의 과정은 이주, 정착, 해체, 그리고 다시 시작된 이주와 정착의 연속이었다. 한인들은 부지런한 생명력으로 고난의 이주 역사를 극복하며 살아남았다. 연해주 이주로 시작된 한인들은 신순남 화백처럼 한국, 러시아, 중앙아, 유럽 문화를 흡수하면서도 자신들만의 독특한 방식과 문화를 간직하면서 소련과 중앙아 사회에 적응해왔다.[2)]

초창기 러시아 연해주로 이주한 한인 동포들의 역사는 시련의 연속이었다. 한인들이 이주와 정착과정은 크게 3시기로 구분할 수 있다. 첫 번째 이주역사는 제정러시아 시기 한인들의 연해주 이주와 개척과정, 두 번째 이주역사는 스탈린 시기 중앙아시아로 강제이주와 소련사회에 동화과정, 세 번째 이주역사는 소련의 해체로 분리 독립한 신생국가들에서 다시 시작된 이주와 정착과정이다.

첫 번째 이주역사는 제정러시아 시기인 1863년 첫 번째 한인 그룹이 국경을 넘어 거친 극동지역에 삶의 터전을 마련하면서 시작되었다. 러시아인들의 눈에 비친 연해주 한인마을은 비록 가난하고 농기구도 열악했지만 깨끗했으며 활기가 넘쳤다고 기록되어 있다. 한인들은 빠른 속도로 땅을 개간하고 농산물을 생산하면서 한인공동체를 형성해 나갔다. 힘든 개척과정을 거쳐 어느 정도 살만하다고 생각할 때쯤인 1937년, 소련의 스탈린은 일본과의 전쟁에 대비한다는 명목으로 한인들을 중앙아로 강제 이주시키도록 명령한다. 당시 일본의 식민지배에 놓여있던 한국 사람들이 일본군과 내통할 것을 우려했던 것이다. 연해주 한인들은 그동안 일군 모든 것을 하루아침에 빼앗기고 가축수송열차에 짐승처럼 실려 황량한 중앙아시아 땅에 버려지듯 내팽개쳐진다. 두 번째 이주역사는 이렇게 강제이주로 시작되었다. 열차이송과정에서 약 3만 명이 넘는 한인이 질병과 굶주림, 심리적 충격 등으로 사망하는 비극이 발생했다. 한반도의 기근과 탐관오리들의 착취, 일제치하를 피해 목숨 걸고 두만강을 넘어 춥고 거친 땅을 농경지와 마을로 힘들게 개척했던 연해주 한인 공동체는 그렇게 강제로 해체되고 파괴되었다. 피땀 흘려 일군 연해주 한인 마을들이 파괴되면서 초창기 한인들의 마음에도 깊은 상흔이 남게 되었다.

강제이주 이후 척박한 중앙아와 소련사회에 정착하고 동화되는 과정 역시 고난의 연속이었다. 모든 것을 바쳐 일군 연해주 삶의 터전을 잃은 상실감과 충격에서 벗어나지 못한 분들은 일찍 세상을 떠나기도 하였다. 그러나 자식들과 노부모들을 부양하며 살아남아야 했던 한인들은 중앙아에서 적응하며 살아남아야 했다. 근면하고 부지런한 한인들은 농업, 과학, 교육, 문화, 체육계 분야 등에서 우수한 인재를 배출하며 소련사회에서 모범적인 소수민족으로 동화해 나아갔다. 중앙아 이주 이후 한인들은 성공적으로 소련사회에 동화되어 갔다.

그러나 1991년 예상치 못한 소련의 붕괴로 또 다시 모든 삶의 토대가 송두리째 흔들리는 위기를 맞이한다. 익숙했던 사회주의 시스템이 해체되고 처음 경험해 보는 자본주의가 밀려오자 많은 소련 시민들은 혼란과 빈곤으로 내몰렸다. 소련 시민들에게 사회주의에서 자본주의로 급작스런 체제전환은 세상이 뒤집히는 것처럼 혼란스러운 것이었다. 체제이행의 충격은 소수민족인 한인들에게 더 힘들고 어려운 과정이었다.

소련이 15개국으로 분리되면서 한인들의 운명은 거주지에 따라서도 크게 갈렸다. 그나마 구소련을 계승하여 교육, 문화, 언어 등에서 큰 변화가 없었던 러시아 거주 한인들은 상대적으로 양호한 편이었다. 반면 중앙아 한인들은 삶의 조건이 더 열악한 상황에 처하게 되었다. 특히 중앙아 신생독립국들이 이슬람민족주의와 투르크 언어정체성을 강화하면서 한인들의 사회적 입지는 더욱 약화되었다. 이슬람 종교, 투르크계통의 언어 어디에도 속하지 못했던 한인들은 또다시 자신들이 살아왔던 중앙아 땅에서 낯선 이방인이 되어버린 것이다. 당시 중앙아 5개국은 신생독립국으로서 정체성을 확립하기 위해 탈러시아 정책을 강력하게 추진했다. 소련의 정치, 사회, 언어, 문화적 잔재를 청산하고 그 빈자리에 자신들의 전통을 부활시켜 독자적인 정체성을 심으려 했던 것이다. 한인들은 신생국가의 사회변화에 적응해야 하는 이중의 시련과 마주해야 했다. 이것이 바로 세 번째 이주역사의 시작이었다.

### 비극의 강제이주와 희생

소련시기 한인들은 중앙아시아로 강제 이주된 첫 번째 소수민족이며, 이후 다른 민족으로 확대되었다.[3] 특히 한인, 독일인, 쿠르드인, 그리스인의 이주는 이들의 이적행위를 방지한다는 명분으로 진행되었다.[4] 제2차 세계대전이 발발하자 소련은 적국이었던 유럽국가나 일본의 스파이 행위 등을 우려했다. 소련 당국은 당시 식민지 상태였던 한반도 출신 사람들을 일본인으로 간주했다. 소련정부의 문서에는 극동지역에서 일본 스파이 활동 차단[5]을 위해 모든 한인들을 예외 없이 중앙아로 이주시킨다고 적혀있다. 침략은 일본이 했는데 피해는 조선 사람들이 당하고 있었다.

연해주에서 출발해 30-40일이 걸려 첫 번째 열차가 1937년 9

월 30일 우즈베키스탄과 카자흐스탄에 도착했다.[6] 당시 연해주 지역 거주 한인들의 수가 1935년 기준 약 25만 명에 달했는데 강제이송 과정에서[7] 약 32,500명이 희생당하는 비극의 수난사였다. 중앙아 사막에 내팽개쳐진 한인들은 숙소, 먹을 것, 물 등 기본적인 생활환경을 만드는 데도 많은 어려움을 겪었다.[8] 카자흐스탄으로 이주한 18,461가구의 한인들은 임시수용지역에 배치된 후 일 년이 지나서야 농경이 가능한 지역으로 재배치 될 수 있었다.[9] 우즈베키스탄에는 약 16,453가구의 한인들이 이주되어 각 지역으로 배치되었다.[10] 중앙아에 이주한 한인들의 50% 정도는 독자적인 '고려인 집단농장(콜호즈)'을 건설했고 나머지는 현지 카자흐인이나 우즈벡인 콜호즈에 편입되었다. [11]

한인들은 주로 건조하고 열악한 중앙아의 미개간지를 배정받았기 때문에 혹독한 겨울을 지나면서 숙소나 난방시설 부족으로 많은 사람들이 희생되었다. 또한 알 수 없는 풍토병과 굶주림, 생소한 자연환경과 열악한 주거조건 등으로 정착 초기 한인들의 사망이 속출했다. 당시 한인들 중 노인과 아동의 약 40-50%가 목숨을 잃은 것으로 알려지고 있다.[12] 또한 소련당국의 정치적 탄압도 계속 되었는데 최소한의 기본권인 거주, 이동의 자유도 한인들에게 허용되지 않았다. 소련 당국은 특별 이주민들을 죄수 취급하면서 특히 한인 사회 내의 활동가, 군인, 교사, 대학 교수 등 지식인과 지도자들을 체포해 갔다. 때문에 당시 한인사회는 교육받은 지도자들을 잃고 척박한 불모지에서의 고된 삶을 개척해야만 했고 잡혀간 지식인들은 오랜 시간이 지나서야 복권될 수 있었다.

### 땅, 숙소, 먹을 것을 내어준 중앙아 현지인

당시 혹독한 추위와 굶주림에 처한 한인들에게 식량과 숙소를 제공한 것은 소련정부가 아니라 가난한 중앙아 현지인들이었다. 당시 기록에 따르면 한인들은 가축우리에 살며 식량이 부족해 죽으로 연명하거나 그나마 굶을 때가 많았다고 한다. 삶의 기로에 놓인 절박한 한인들에게 우즈벡 사람들은 밀로 만든 빵을 가져다주었는데 그 후로도 그 맛을 잊을 수가 없었다고 한다.[13] 기록에는 우즈벡 사람들이 천성이 착하고 부지런하며 예절과 기강이 있는 민족이었다고 회고하고 있다. 더 나아가 만약 우즈벡인들의 도움이 없었다면 거의 모든 한인 이주자들이 생존할 수 없었을 것이라고 적고 있다.[14] 그만큼 한인들이 현지에 정착하는데 우즈벡인들이 많은 도움을 주었다는 것이다. 그들은 잠잘 곳이 없던 한인들에게 축사를 내어주고 농사를 지을 수 있도록 도왔다. 당시 한인들은 우즈벡인들과 전통과 풍습, 정서적인 심성이 한국과 비슷해서 현지에 쉽게 적응할 수 있었다고 적고 있다. 또한 양 민족은 서로에게 호감을 가지고 존경하고 협력하면서 농경에서도 큰 성과를 낼 수 있었다. 성실한 근성과 독창적인 농경법을 지닌 한인들의 집단농장은 많은 생산량으로 전 소련에서 명성을 떨치게 되었다.

카자흐인 역시 땅에 대한 개인소유 개념이나 이민족에 대한 차별 심리가 없어 이주 한인에 대해 배타적이거나 공격적이지 않았다고 적고 있다. 때문에 한인들은 자신들이 살고자 하는 지역에서 카자흐인과 어려움 없이 땅을 개간하며 농사를 지을 수 있었다는 것이다. 한인들은 카자흐 농부, 어부, 광부, 축산업자들의 도움으로 현지에 정착할 수 있었다고 한다.

### 노동, 산업, 문화, 과학영웅들

그러나 이곳에는 연해주와 같이 한인학교와 한국어 책, 신문이 없었기 때문에 이주 2, 3세대가 되면서 젊은이들이 점차 한국어를 잊게 되었고, 사고방식도 소련사회에 동화되어갔다. 현지동화는 한인들이 중앙아 사회에서 다양한 민족과 공생하며 살아가기 위한 어쩔 수 없는 선택이었다.

그런데 카자흐, 우즈벡 한인 정착과정은 차이가 있었다. 카자흐 한인들은 특별한 현지 적응능력으로 사회의 모든 분야에 동화되면서 문화, 언어, 심성, 관습 등을 자신들의 것으로 만들어갔다. 이에 비해 우즈베키스탄 한인들은 1980년대까지 한국어와 한인 전통문화를 유지하면서 현지동화가 좀 느리게 진행되었다고 한다. 이러한 차이는 농경지가 상대적으로 많은 우즈벡 한인들이 함께 모여 살면서 민족공동체를 이룰 수 있었던 데 반해 카자흐 한인들은 농경생활이 불가능한 척박한 초원으로 배치되어 공동체를 이루기 어려웠기 때문이다. 그래서 카자흐 한인들은 보다 나은 교육과 직장을 찾아 대도시로 이주하면서 현지 동화가 더 빨리 이루어졌던 것이다. 초창기 카자흐 한인의 90%가 농촌에 거주했지만 시간이 흐르면서 도시거주민이 90%에 이르게 되었다.[15)]

한인들은 중앙아의 건조한 황무지와 사람이 살 수 없었던 늪지대를 잘 정비된 농경지와 마을로 바꾸어놓았다. 1948년 이후 6년 동안 약 130명에 달하는 한인 노동영웅이 배출되었는데, '북극성' 집단농장을 개척한 김병화가 대표적이다. 또한 각 분야에서 소련정부의 훈장과 메달을 수여받은 한인들이 수천 명에 달했다고 한다. 한인들이 운영하는 집단농장은 다른 집단농장과 비교하여 생산량이 2배에 가까웠다. 또한 강제이주 이후 우즈베키스탄에 정착한 한인들이 점차 도시로 이주하기 시작하면서 본격적으로 학계, 문화예술계에서도 유명 인사들을 배출하였다. 대표적으로 물리수학자인 엄 바체슬라브, 언어학자인 신 알렉세이, 해외에서 '동양의 피카소'라 불린 화가 신순남(니콜라이 신), 발레리노 유가이 블라디슬라브, 지휘자 박 아르템, 사진작가 안 빅토르 등이다. 이밖에도 교육, 문화, 사회, 스포츠 분야에서 성공한 한인들이 많아 자부심을 갖게 되었다.

한편 카자흐스탄에 배치되었던 한인들이 기후나 관개수로망이 상대적으로 양호했던 우즈베키스탄으로 재이주하는 경우가 많았다. 당시 소련 당국은 한인들을 농업에만 종사할 수 있게 하였고, 농경에 유리한 우즈베키스탄으로 이주는 허가 없이도 가능했다. 또한 생이별한 가족과 친지들과 다시 합치려는 이주수요도 다수 존재했다.[16] 제2차 세계대전이 발발하자 적성민족으로 분류되어 군인도 될 수 없었던 한인들은 주로 후방지원과 방위산업에 종사하면서 많은 기여를 하였다.[17]

카자흐스탄에 이주한 한인들 역시 다양한 분야에서 족적을 남겼는데, 고려극장과, 고려인 사범학교가 세워졌고 한국어 서적도 출간되면서 한때 소련 한인들의 지식, 문화의 중심지가 되기도 하였다. 카자흐스탄 한인사회에서도 약 100여 명이 소련정부로부터 노동영웅 칭호를 받았다. 1953년 스탈린 사망 이후 적성민족이라는 정치적 탄압이 약화되자 한인들은 사라져 가던 자신들의 정체성과 언어, 문화를 복원하고자 노력하였다. 결국 명예회복을 요구하는 한인들에게 소련당국은 문화 활동 등 다른 분야에 종사를 허용하기 시작했다. 이후 시간이 지나면서 정부, 산업, 관료조직에서 활동하는 한인들이 늘어났다. 소연방 지방공화국 의회 대표, 카자흐스탄 지방정부 장관 등에 한인들이 임명되기 시작했다.[18] 대부분의 한인들은 높은 교육수준을 가지고 있어서 고등교육 비율이 국가 평균보다 2배 가까이 많았으며 많은 학자와 전문가들을 배출하였다.

중앙아에서 한식(韓食)은 한인들을 상징하는데, 대도시마다 인기 있는 한식 맛집들이 있다. 비즈니스 경영자, 법률가, 관리자,

연예인 등 각 분야에서 한인들은 두각을 나타내고 있다. 한인들은 중앙아 이주 이후 소련경제, 문화, 정치체제에 완벽하게 적응하면서 소수 민족 중에서도 가장 뛰어난 성공을 이루었다. 연해주 한인사회가 러시아 사회에 편입되지 않고 독자적인 공동체를 이루었다면 중앙아 한인들은 현지 사회에 완벽하게 동화하면서 소련과 중앙아 시민으로 자리매김 했다.

## 2. 독립 이후 중앙아의 한인사회

### 소련 해체와 다시 시작되는 이주와 재정착

구소련 붕괴 이후 엄습해온 급격한 정치사회변화 속에서 한인들은 또다시 해체와 이주 그리고 재정착의 여정을 시작해야만 했다. 소련이 15개 국가로 분리되자 한인들 역시 하루아침에 거주지에 따라 각기 다른 국적과 삶의 환경을 갖게 되었다. 한인들은 러시아, 중앙아 5개국, 우크라이나 등 새로운 독립국 사회에 적응하거나 이주를 떠나야 했다.

또한 국가가 모든 것을 다 책임져 주던 사회주의 체제에서 살아왔던 한인들에게 갑자기 모든 생계를 개인이 책임져야 하는 자본주의 사회는 매우 낯 설고 혼란스런 삶의 환경이었다. 아울러 우즈베키스탄, 카자흐스탄, 키르기스스탄, 타지키스탄, 투르크메니스탄 등 신생독립국들은 새로운 국가정체성을 형성하기 위해 이슬람과 투르크 민족주의를 고취시켰다. 이들은 러시아어 대신 카작어나 우즈벡어 사용을 의무화하였다. 한인들은 중앙아에 형성된 새로운 언어적, 종교적 장벽에 적응해야 했다. 자신들이 살던 중앙아 땅에서 사용했던 러시아 언어와 문화가 하루아침에 이슬람전통과 투르크 언어로 바뀐다는 것은 또 하나의 힘든 시련이었다. 결국 적지 않은 한인들이 자신이 태어난 중앙아를 떠나 러시아 등으로 이주하는 경우도 있었다.

1991년 중앙아 5개국과 수교한 한국정부는 이러한 한인들의 고난에 별다른 힘이 되어주질 못했다. 1990년대 북한은 기근에 굶주리고 있었고 남한은 중앙아 한인들에 대한 구체적인 지원정책을 가지고 있지 못했다. 오히려 남북 분단이 한인사회를 분열시켰다.[19] 모국이 한인들을 지원하고 연대하는 구심점이 되기보다는 오히려 불신과 분열을 조장했다는 지적이다. 결국 남북관계가 화해와 협력으로 전환되어야만 한인들의 연대와 협력도 활성화 될 수 있을 것이다.

구소련 말기 한인들은 한반도와 남북한 주민에 대한 기대와 열망으로 가득했었다고 한다. 고르바초프의 개혁개방 시기 한인들은 문득 자신들이 한국 사람이라는 것을 깨닫고 고향사람들을 닮고자 했다. 한국어 배우기와 한국식 예의범절이 인기를 끌었다. 그러나 한국문화에 매혹되어 모방할수록 한인들은 한반도 한인들과 다르다는 일종의 열등감에 휩싸이기도 했다. 더욱이 남북한 사람들이 한인사회에 간섭하고 훈계하려 들면서 자기비하와 열등감도 생겨났다고 한다.

게다가 남북한 대사관은 각자의 입장에서 소련 한인조직과 동포언론활동에 개입하고 자신들에게 협조할 것을 강요하였다. 특히 구소련 한인들을 바라보는 남한 사람들의 차별과 문화적 차이도 기대감을 실망감으로 바꾸어 놓았다. 남한에서 온 일부 관료나 사업가들은 구소련 동포들을 자신들의 비즈니스나 외교활동에 이용하려 했지만 지원방안에 대해서는 소극적이었다. 남한 사람들은 우월한 입장에서 현지 한인들을 2등 국민취급을 하며 한국어를 못한다고 무시하는 경우도 있었다. 당시 남한 사람들은 현지 동포들을 어떻게 바라보고 존중해야 하는지에 대해 잘 알

사진15. 카자흐스탄 한인 가족(신 나데즈다 제공)

지 못했던 것이다. 제정러시아와 소련시기 차별을 극복하고 우수한 소수민족으로 살아남은 한인들은 비록 일부이긴 하지만 다시 고향에서 온 사람들에게 차별을 당하는 경우가 있었다. 소련 붕괴 후 러시아와 중앙아 한인젊은이들이게 한국어 배우기가 인기였지만 일부 한국정부와 사회단체는 국제행사에 다양한 민족대표들을 초청하면서도 정작 한인 젊은이들을 제외하면서 현지 동포들의 가슴에 멍이 들게 하는 경우도 있었다.[20]

### 다시 일어서는 중앙아 한인사회

한편 시장경제로의 전환과정에 적응한 한인들은 다시 중앙아 사회에서 두각을 나타내고 있다. 2018년 기준 카자흐 부자 상위 50위에는 한인동포들이 6명이나 포함되어 있다.[21] 카자흐스탄 한인출신으로 구한말 의병장인 민긍호 선생의 외고손자이기도 한 피겨 스케이팅 선수 데니스 텐도 스포츠계를 빛낸 인물이다. 그러나 그는 2018년 7월 안타깝게도 카자흐스탄에서 괴한의 칼에 찔려 사망하였다. 또한 카자흐스탄 총선에서 2명의 여당의원을 배출하였다.[22] 영화계에서도 한인 4세인 박 루슬란 감독은 2020년 10월 부산국제영화제(BIFF)에서 '뉴 커런츠 상'을 받았다.[23]

한인들의 주요 단체 활동도 다시 활성화되고 있다. 1990년 한국어와 민족문화 부흥을 목적으로 출범한 카자흐스탄 고려인협회도 동포들의 권익보호와 역량강화지원활동을 벌이고 있다.[24] 고려극장은 약 90여 명의 연극단, 성악단, 무용단, 사물놀이팀을 두고 지금까지 300편의 연극을 무대에 올리며 활발하게 활동하고 있다. 한국어 대사로 연기하고 러시아어로 동시통역하는 원칙을 지금까지 지켜오고 있다. 2016년 9월 카자흐스탄에서 출범한 '유나이티드 코리안 비즈니스 클럽(UKBC)'은 구소련권 한인청년 기업인들의 모임이다. 러시아, 우크라이나, 카자흐스탄, 우즈베키스탄, 키르기스스탄 등 5개국에 걸쳐 회원이 216명에 달하는 모임으로 성장하고 있다.[25] 회원의 60% 정도가 100만 달러 이상의 매출을 올리는 중견사업체를 운영하는 대표들로 구성되어 한인 네트워크의 중심으로 자리 잡고 있다.

우즈베키스탄에서도 한인들의 활동은 두각을 나타내고 있다. 상하원 의원과 초대 유아교육부 장관, 정부고위직 인사들을 배출하고 있다.[26] 현 미르지요예프 대통령은 한인 친구가 있어 한국을 더욱 가깝게 느끼고 있다고 자주 언급하곤 한다. 한국 전통문화 전수 등을 주요 활동으로 하는 고려인문화협회는 2014년 한·우즈벡 대통령 합의사항인 본부건물건립을 추진하고 있다. 한인 전통문화를 보존하고 계승하기 위한 한국문화 예술의 집이 2018년에 준공되어 양국 간 우호 교류의 상징이 되고 있다. 키르기스스탄에서도 한인 대표들이 한식당, 카페, 건설회사 등100여개 기업을 이끌고 있다.[27] 한인들은 정·관계 고위직, 기업계, 학계,

문화계, 언론계 등에 폭넓게 진출해 있다.28) 1989년 창립된 키르기스스탄 고려인협회는 무용단 '만남' 및 뮤직스튜디오를 창설해 한국 문화행사를 개최하고 있다. 키르기스스탄 한인들은 오랜 기간 모국과의 격리에도 불구하고 우리말과 문화를 지켜왔으며, <일치신문>등을 발간하고 있다.29) 그러나 키르기스스탄은 한국과의 교류가 적어 왕래에 어려움을 겪고 있다.

사진16. 한복 입은 카자흐스탄 한인들(신 나데즈다 제공)

타지키스탄의 경우 1990년대 초 고려인이 13,431명에 달했으나 1992~1997년에 발생한 타직 내전으로 인해 약 80% 이상이 러시아나 우즈베키스탄 등으로 이주하였다. 이후에도 경제적 어려움 등으로 거주하는 한인들의 수가 지속적인 감소로 2000년대 들어서는 634명이 체류하고 있는 것으로 나타나고 있다.30) 투르크메니스탄에는 2016년 기준 약 1,085명의 고려인이 거주하고 있다. 2008년 고려인협회가 창설되었으나 투르크메니스탄 정부의 국수주의적 정책으로 한국문화의 보존과 계승이 거의 이루어지지 못하고 있다.[31)]

### 한인 유학생들이 느끼는 소외감

한국에 유학하고 있는 중앙아 한인들의 생각을 직접 들어보면 대부분 해외동포에 대한 한국사회의 낮은 인식과 차별, 문화적 차이, 비자제도 개선, 한국어 교육 지원 확대 필요성을 지적했다. 마음 아팠던 점은 이들이 모국에서 차별을 느끼고 있다는 점이다. 우리 한국사회가 얼마나 동포들에 대해 섬세하게 배려하고 있지 못하는지 성찰이 필요하다. 이들의 인터뷰는 무엇보다도 한국사회가 한인들을 우리의 동포로 인식하고 따뜻하게 받아들이는 인식과 자세 전환이 필요함을 일깨워 준다.

신 나데즈다 학생은 경제사정이 나은 카자흐스탄 한인의 경우 한국으로 이민가려는 동포가 적은 편이라고 알려준다. 현재 동포들에게 가장 큰 문제는 한인 4세 등을 외국인으로 차별하는 한국의 비자제도라고 지적한다. 카자흐스탄 지방도시에서 한인들이 한국어 선생이 없어 배우지 못하는 현실도 안타까워했다. 또한 한인들은 한국을 모국이라 생각하지만 정작 한국인들은 그렇게 생각하는 것 같지 않다고 말했다. 최근 카자흐 고려인 5, 6세들이 한국인으로서의 정체성을 잃고 있는 점도 우려했다.

엄 빅토리아 학생은 우즈베키스탄의 경우 한인들이 한국으로 유학이나 일자리를 얻기 위해 오려는 수요가 높아지고 있다고 말한다. 그러나 한인들의 아픈 역사를 한국사회가 너무 모르는 것 같다고 아쉬움을 표했다. 특히 같은 민족인데 한국에서 외국인 신분으로 있는 것은 문제이며 한국어 교육 확대가 필요하다고 제안했다.

키르기스스탄에서 온 임 율리아는 어려운 경제사정 때문에 한국으로 이민을 고민하는 동포가 꽤 있다고 말한다. 그러나 고려인에 대한 차별의식과 문화차이를 한국생활의 어려운 점으로 꼽았다. 특히 한국 사회가 한인들을 같은 동포로 받아들이지 않아 잘 어울릴 수 없다는 점을 섭섭해 했다.

### 모국의 책무

한민족은 약 7백 30십만 명의 해외 동포를 가지고 있으며 미국에 약 2백 60만 명, 중국에 약 2백30만 명이 거주하고 있다.[32] 1989년 통계에 따르면 구소련에 거주했던 고려인들은 모두 43만 9천명으로 주로 우즈베키스탄, 러시아, 카자흐스탄에 거주하고 있었다.[33] 2021년 기준 우즈베키스탄에 약 175,000명, 카자흐스탄에 약 109,000명의 한인이 거주하고 있다.

[표 7] 중앙아시아 5개국 한인(고려인) 통계 (단위: 명)

| 연도별 / 지역별 | 2011 | 2013 | 2015 | 2017 | 2019 | 2021 |
|---|---|---|---|---|---|---|
| 카자흐스탄 | 107,130 | 105,483 | 107,613 | 109,133 | 109,923 | 109,425 |
| 우즈베키스탄 | 173,600 | 173,832 | 186,186 | 181,077 | 177,270 | 175,865 |
| 투르크메니스탄 | 884 | 1,329 | 1,425 | 1,451 | 1,482 | 939 |
| 타지키스탄 | 1,740 | 744 | 743 | 774 | 759 | 757 |
| 키르기스스탄 | 18,230 | 18,403 | 18,709 | 19,035 | 18,515 | 18,106 |

자료: 재외동포현황 2013·2021, 외교부 참고

해외 생활을 해본 사람일수록 국가와 민족에 대한 일체감과 애국심을 갖게 된다고 한다. 생활환경이 미치는 영향을 고려하면 국내 거주 국민과 해외 거주 동포의 조국에 대한 감정이 다를 수밖에 없을 것이다. 해외 대학의 한 조사에서 한국의 국력이 프랑스와 일본을 제치고 세계 6위로 발표되었다. 한국은 이러한 국제적 위상에 걸맞게 재외동포 정책을 재설계해야 할 필요가 있다. 문재인 정부에서 대표적인 독립운동가 홍범도 장군의 유해를 한국으로 모신 일은 늦었지만, 다행스러운 일이다. 독립투사를 너무 오래 해외에 방치했던 모국이 늦게나마 최소한의 도리를 한 것이다. 홍장군의 유해송환을 보면서 국가를 위해 희생하신 선조들을 좀 더 일찍 모시지 못한 것에 대해 국민의 한사람으로서 죄송한 마음이 들었다.

소련이 붕괴하자 독일과 이스라엘은 즉각 소연방에 산재해 있던 자신들의 동포에 대한 대대적인 지원을 시작했다. 이스라엘의 경우 이주를 희망하거나 잔류를 희망하는 유태계 사람들의 요구를 수용하고 다양한 맞춤형 지원정책을 시행했다. 독일의 경우도 게르만 민족이 많이 거주하는 지역의 주택과 취업 지원, 자본주의 교육을 실시하였다. 독일로 이주를 원하는 사람들은 대부분 본국으로 수용했다. 이에 비하면 당시 우리 한인들에 대한 한국 정부의 지원은 빈약한 수준이었다. 고려인 학교와 단체에 한국어 교재와 어린이 학용품을 제공하거나 몇몇 유학생을 지원하는 정도에서 벗어나지 못했다. 물론 1990년대 초반 한국경제수준과 해외동포 정책의 미비 등을 고려하더라도 우리의 대응은 너무 부족했다.

한국사회가 해야 하는 시급한 과제는 중앙아, 러시아 한인들과 중국의 한인들을 모국에서만큼은 더 이상 이방인 취급하지 않는 계획을 마련하는 것이다. 이를 위해 한국 정부가 현지 한인들의 조기 한국어 교육을 지원하여 언어장벽을 최소화하여 모국과의 연계성을 강화할 수 있는 기회를 주어야 한다. 한인 젊은이들이 한국 사회에 유학, 취업, 이민을 원할 경우 체계적인 적응 교육을 받을 수 있는 시스템도 필요하다. 아울러 현지 한인사회의 한국어, 기술, 고등교육 지원은 물론 국내대학과 연계한 장학제도도 획기적으로 늘릴 필요가 있다. 비자제도를 시급히 개선하여 해외 한인들이 언제든 자유롭게 오가면서 생활하고 모국과 인적, 문화적 네트워크를 구축할 수 있도록 해야 한다. 국내거주 한인들에 대한 교육, 복지, 한국사회 정착에 필요한 지원제도정비와 기금조성도 필요하다.

### I장 결론

한인의 이주역사는 우리 근현대사의 중요한 일부분이자 잊어서는 안 되는 여정이다. 고난의 시간을 살아온 한인들의 삶은 이제 새롭게 미래를 여는 양분이 되어야 한다. 한인들의 여정은 기원전부터 지속된 중앙아 초원과 한민족의 연계성을 이어주는 역사의 한 부분이기도 하다. 또한 차별과 갈등을 초월하여 상호 존중과 공존의 유라시아 다문명 사회를 복원하는데도 한인들의 역할이 필요하다. 모국은 이들의 아픈 역사를 받아 안고 외국인이 아닌 동포로서 예우하고 지원하는 방안을 적극 모색해야 한다. 그것이 과거의 상처를 아물게 하고 미래를 향해 나아가는 첫걸음이 될 것이다.

1) 송정수, “우즈베키스탄 화가 신순남(니콜라이 신)의 창작에 반영된 초국적 문화 정체성,” 『슬라브硏究』 vol. 36, no. 2 (2020), pp. 161-189.

2) Хан В.С., Ким Г.Н. Актуальные проблемы и перспективы корейской диаспоры Центральной Азии // International Journal of Central Asian Studies. Vol. 5. – Seoul:IASD,2000. p. 47.

3) Ким Г.Н. История иммиграции корейцев. Кн.1. - Алматы, 1999;Кн.2-3.-Алматы, 2006.

4) Бугай Н.Ф. Трагические события на должны повториться (К вопрос о положении корейцев в СССР в 30-е гг.) // Актуальные проблемы российского востоковедения.-М., 1994. - С.115.

5) Белая книга о депортации корейского населения России в 30-40-х годах. - С. 64.

6) Ким В.Д. Корейцы Үзбекистана в истории Дальнего Востока и на современном этапе// Проблемы корееведения в Центральной Азии. Вып.1. - Ташкент Үзбекистон миллийэнциклопедияси, 2007. - С.15.

7) Ким В.Д. Правда полвека спустя. - Ташкент: Үзбекистан, 1999. - С.120-121.

8) Кан Г.В. Корейцы Казахстана. - Алматы, 1994. - С. 38-42; Ким П.Г. Корейцы республики Үзбекистан. - Ташкент: Үзбекистан, 1993. - С. 14-15, 21; Ковжасарова Ж.Ү. Корейцы в Прикаспии. - Алматы, 1997. - С.15-17.를 참조할 것.

9) Кан Г.В. (1994) pp. 69-73.

10) Ким П.Г. Корейцы республики Үзбекистан. - С.170.

11) Ким Г.Н. История иммиграции корейцев. Кн.1. Алматы,1999.

12) Эм А. Жизнедеятельность самаркандскойкорейскойдиаспоры // Korean Studies and University Cooperation between Central Asia and Korea. - Tashkent, 2008. - p. 149.

13) Корейцы Үзбекистана: вчера и сегодня// http://www.centrasia.ru/newsA.php?st=1049783220, (검색일: 2022. 09. 19).

14) 위의 글을 참조.

15) http://www.liter.kz/site.php?lan=russian&id=167&pub=3414. (검색일: 2022. 04. 29).

16) Ким Г.Н. История иммиграции корейцев.를 참조할 것.

17) Ким Г.Н. (1999) 참조.

18) http://www/koryosaram.freenet.kz. (검색일: 2022. 04. 19).

19) Хан В.С. Корейская диаспора СНГ и Корея// Материалы международной конференции <Диалог культур Кореи, Үкраины и

государств СНГ>. - Киев, университет им. Тараса Шевченко, 4-5 июля, 2007г. - С.200.

20) Хан В.С. (2007) pp. 197-202.

21) 1위 김 블라디미르 카작므스(Kazakhmys) 회장, 13위 김 블라디슬라프 Kaz Minerals 대주주, 21위 김 비야체슬라프 Kaspi 은행 회장, 27위 강 세르게이 중앙아 전력에너지회사(CAPEC) 회장, 29위 김 에드워드 Technodom(전자제품 유통회사) 회장, 박 유리 Lancaster Group 이사 등이다.
2018년 카자흐스탄 부자 상위 50위 내 고려인 동포 순위, https://overseas.mofa.go.kr/kz-ko/brd/m_9004/view.do?seq=1346885, (검색일: 2022. 10. 16).

22) 김베라 국가자원봉사자연합회(NVL) 회장, 이유리 카자흐스탄민족회의(ANK) 위원이 여당인 '누르 오탄'당의 후보와 소수민족 대표 자격으로 각각 하원에 진출했다.

23) 고려인 동포 감독의 韓-카자흐 합작영화, 카자흐서 최초로 상영, https://www.mk.co.kr/news/society/view/2022/03/231066/ (검색일: 2022.10.10 ).

24) 카자흐스탄 고려인협회(Ассоциация корейцев Казахстана) 홈페이지 : https://koreans.kz/17-associaciya-koreycev-kazahstana/?lang=ru

25) 고려인 네트워크 중심으로 떠오른 청년 기업인 모임 UKBC, https://www.yna.co.kr/view/AKR20171027156400371, (검색일: 2022. 07. 29).

26) 현재 박 빅토르씨 등을 비롯하여 상원의원 2명 및 하원의원 1명이 재임하고 있으며, 신 아그리피나 유아교육부 장관, 리 드미트리 국가프로젝트청장, 박 드미트리 화학공사 부사장, 박 바체슬라프 재무차관 등 정부 고위 인사 등이 정부에서 일하고 있다.
훈장전수식 개최, https://overseas.mofa.go.kr/uz-ko/brd/m_8558/view.do?seq=1346754. (검색일: 2022. 10. 29).

27) 주요 한인 사업가들로 설(Sol), 베본(Bevon), 곽복근(Koen Bok Kuhn) 등이 있다. "The Koryo Saram (Korean Kyrgyz) of Kyrgyzstan." (2016-03-04), http://www.friendlyborders.org/news/the-koryo-saram-korean-kyrgyz-of-kyrgyzstan/, (검색일: 2022.10.12).

28) 신로만 전 국회의원, 상보리스 San & Company 회장, 한 베체슬라브 라두가 휴양소 사장, 김넬라 전 법무장관, 허가이 법률회사 사장, 연비탈리 법률회사 사장, 신안드레이 신라인기업 사장, 리게론니 깔라예비치 작가, 박알렉세이 전 태권도협회장 등이 주요 인사이다.

29) "광주고려인마을, 키르기스스탄 고려인협회와 문화·예술 협약," 한경신문, (2022-07-18), https://www.hankyung.com/politics/article/202207185804Y (검색일: 2022. 08. 19).

30) CABAR. "Koryo-Saram": Life of Korean Community in Tajikistan, M (2020-01-23), https://cabar.asia/en/koryo-saram-life-of-korean-community-in-tajikistan (검색일: 2022. 08. 20).

31) "투르크메니스탄 고려인: 시대변화와 사회적응 과제," https://csf.kiep.go.kr/aif/issueDetail.es?brdctsNo=112208&mid=a30200000000&search_option=&search_keyword=&search_year=&search_month=&search_tagkeyword=&systemcode=04&search_region=&search_area=¤tPage=134&pageCnt=10, (검색일: 2022. 05. 20).

32) 외교부「재외동포현황」, 2020년 12월 31일 기준, https://www.index.go.kr/potal/main/EachDtlPageDetail.do?idx_cd=1682. (검색일: 2022. 05. 29).

33) 외교부「재외동포현황」, (2020)

# Ⅱ. 한국과 중앙아, 더 가까워지려면

## 1. 1991년 수교 이후 한, 중앙아가 걸어온 길

### 양자관계의 전개

한국은 중앙아 5개국의 주요 투자국인 동시에[1], 상호보완적인 경제구조를 가진 협력파트너이다. 또한 양 지역은 초원유목문명, 생활문화와 사고방식, 우랄 알타이 계통의 언어와 신화 등 많은 유사성을 가지고 있다.[2] 한국의 입장에서 중앙아 5개국은 에너지·광물자원의 공급처, 수출시장 다변화 대상지역, 국제 공급망과 분업체계 재편을 위한 주요협력 대상으로 부각되어왔다. 최근 들어서는 노동자, 유학생 등 인적교류 활성화, 교육·기술·문화교류, 한국기업의 현지 진출 등으로 협력이 확대되고 있다. 또한 외교적으로도 양자 대화는 물론 한-중앙아 협력포럼 등 다양한 소통을 해오고 있다. 현재 많은 중앙아 5개국 노동자, 유학생, 사업가, 다문화가족들이 한국사회의 주요 구성원으로 활동하고 있다.

양 지역은 1991년 수교 이후 양자 관계를 발전시켜 왔고 2007년부터는 다자협력체인 '한·중앙아 협력포럼'을 통해 상호 관심사인 경제, 농업, 산림, 신재생에너지, 미래 산업 분야에서 협력을 증진하고 있다. 이제 중앙아 국가들은 한국의 대륙외교와 통상의 핵심 거점이 되고 있다. 한 중앙아 관계는 주요 강대국과 한반도 주변에 집중하던 한국의 외교지평을 유라시아 대륙으로 확장하는 데 큰 기여를 해왔다.

한국정부는 냉전시기인 1970년대 소련, 중국 등 사회주의권과 외교관계를 구상하면서 '북방정책'의 필요성을 인식하기 시작하였다.[3] 당시 주변정세에 능동적으로 대응하면서 한반도를 둘러싼 안보환경과 남북관계 개선이 북방정책구상의 주요 목적이었다. [4]

본격적인 북방정책 추진은 노태우 정부 시기이며 분단으로 단절된 한국과 대륙을 연결하고 대북관계 개선을 목표로 하고 있었다.[5] 노태우 정부는 남북분단과 지리적 단절이라는 한국의 지정, 지경학적 환경을 소련, 중국과의 수교를 통해 극복하면서 북한을 압박하기 위한 전략으로 북방정책을 활용하고자 했다. 때문에, 당시만 해도 북방정책의 주요 대상국은 중국과 러시아였으며 중앙아 5개국에 대한 구상은 준비가 되지 않았다. 이후 김영삼 정부를 거치면서 한국은 중앙아 지역을 개척해야 할 새로운 시장으로 인식하고 관심을 갖기 시작했다.

김대중 정부 들어서면서 한반도-러시아-중앙아 5개국-유럽을 연결하는 '철의 실크로드 계획'이 발표되었다. 이는 한반도와 유라시아 대륙을 횡단하는 철도건설을 통해 대륙으로 진출하겠다는 한국정부의 구체적인 의지가 담긴 최초의 구상이었다. 노무현 정부 들어서는 유라시아지역을 새로운 블루오션으로 인식하였다. 더욱이 유가 상승으로 에너지 자원 수급 필요성이 커지자 중앙아 에너지에 대한 한국의 관심이 본격화 되었다. 특히 노무현 정부는 2006년 정부 내에 태스크포스를 구성하여 '한·중앙아 협력 포럼' 설립, 에너지 협력, 국내 중앙아 전문 인재육성을 위한 지원 등 대중앙아 정책의 실천방안을 수립하였다. 이 결과 2007년

제1차 '한·중앙아 협력포럼'이 서울에서 개최될 수 있었다.

이명박 정부는 고유가와 자원 수급 문제를 해결하고자 중앙아 5개국에 보다 적극적으로 다가서기도 하였다. 다양한 에너지 협력이 모색되었고 일부 성과를 거두기도 하였다. 박근혜 정부는 '유라시아이니셔티브' 정책을 추진하면서 대중앙아 협력을 확대하고자 하였다. 이 시기 '한·중앙아 협력포럼'을 정상급 회담으로 승격시키는 방안이 검토되었지만, 회원국의 적극적인 참여를 이끌어낼 수 있는 유인요소와 예산부족, 중앙아 국가들의 소극적인 태도로 성공하지 못했다. 그러나 향후에도 '한·중앙아 협력포럼'의 정상회담승격과 국제기구화는 필요한 과제이다.

문재인 정부의 신북방정책은 팬데믹과 전 세계적인 경기침체 속에서 위축되었으나 협력을 다각화하는 계기를 만들었다는 평가다. 특히 한-중앙아 워킹그룹 등 다양한 민관 협력채널이 구축되고 재생에너지 등 다양한 분야로 협력확대가 모색되었다. 특히 카자흐스탄에 있던 홍범도 장군 유해 봉환으로 국가정체성 제고와 독립 유공자에 대한 국민적 예우라는 원칙과 선례를 확립했다는 점은 성과로 평가할 수 있다.

[표 8] 한-중앙아시아 관계 SWOT 분석

| 강점(Strength) | 약점(Weakness) |
|---|---|
| • 강대국에 둘러싸인 지정, 지경학적 환경에 대응할 수 있는 협력 파트너<br>• 양자, 다자관계를 통한 꾸준한 신뢰 형성, 한국의 좋은 국가이미지<br>• 상호보완적 경제 구조<br>• 대륙을 동서로 잇는 거점지역<br>• 오랜 역사, 문화적 연계성과 교류<br>• 인적, 문화적 교류활성화와 한인 네트워크 | • 중앙아 5개국의 소극적인 정치, 안보 협력<br>• 중앙아 5개국의 대외정책 상이성<br>• 한-중앙아 협력포럼 답보상태<br>• 적은 인구시장규모와 열악한 물류·유통 인프라<br>• 수입인증제도, 관세, 환전 등 초기진출 비용<br>• 러·중에 대한 높은 교역 의존도<br>• 정치논리가 우선하는 권위주의<br>• 중앙아 5개국의 관료주의와 부패 |
| **기회(Opportunity)** | **위협(Threat)** |
| • 다극체제전환으로 중견국의 협력여지 확대<br>• 기후변화, 펜데믹, 4차 혁명, 공급망 재편 등에 공동대응 필요성 증대<br>• 중앙아 역내통합<br>• 중앙아 5개국의 경제발전 의지<br>• 러시아, EAEU, 중동 진출의 교두보 | • 중앙아 5개국의 국경, 수자원 등 역내 갈등요소<br>• 러시아의 야망과 미·중·러 대립<br>• 장기집권과 국내정치 불안, 코로나19, 우크라이나 전쟁, 공급망 불안, 인플레로 경제침체<br>• 천연자원 및 광물 수출 의존 경제구조 |

강대국에 둘러싸인 한국과 중앙아의 지정학적 조건은 기회이자 위협이 될 수 있다. 양 지역이 경제 분야를 넘어서 중견국의 정치, 외교적인 연대를 추진하는 것은 주변 강대국의 간섭으로부터 자율성을 유지하기 위해서도 필요하다. 양 지역은 정상회담을 통해 신뢰를 쌓아왔으며 유라시아 대륙의 동쪽 끝과 중앙에 위치하고 있어 유라시아 협력네트워크를 구축하는 데 유리한 지리

적 조건을 가지고 있다. 예를 들어 한국은 유라시아 대륙으로, 중앙아 5개국은 태평양으로 진출하는 데 서로의 거점 역할을 해줄 수 있다. 그러나 이러한 지리적 연결은 남북관계가 개선되어 북한이 참여해야 완성될 수 있다. 아울러 유사한 문화관습과 고대로부터 이어온 오랜 교류역사 또한 큰 자산이며, 활발한 인적, 문화적 교류와 한인 동포의 존재 역시 양국 협력의 강점이 될 수 있다.

주요 약점으로는 중앙아 5개국이 한국과 경제협력에는 적극적이지만 정치, 외교적 협력에는 소극적이라는 점이다. 이유는 지리적 거리감에도 있지만 한국의 보다 적극적인 유인책이 부족하기 때문이기도 하다. 중앙아 국가들의 시장규모, 열악한 물류 유통 인프라, 수입인증제도, 관세, 환전 등의 상이성과 제도적 미비 문제로 초기진출비용이 크다는 점도 약점이다. 그러나 최근 들어 중앙아 5개국은 해외 투자유치, 교역 활성화를 위해 제도적 개선에 나서고 있다. 시간이 흐를수록 러시아, 중국에 대한 교역 의존도가 높아지는 점도 한국 민간기업의 입지를 축소하는 요인이며, 현지 언어, 문화 장벽도 문제다. 게다가 시장논리보다는 정치논리가 우선하는 현지 사업 환경도 한국기업의 진출에 장애가 되고 있다.

기회 요소로는 21세기 기후변화, 팬데믹, 신산업분야 등 중견국들의 협력여지가 커지고 있다는 점이다. 만약 중앙아 역내 통합이 성공할 경우 단일시장 탄생으로 투자환경이 개선되는 점도 한국의 민간 기업들에게 기회가 될 수 있다. 또한 4차 산업혁명에 대비한 신사업분야, 새로운 국제 가치사슬 구축 필요성이 커지고 있다. 아울러 중앙아 5개국은 한국의 적극적인 투자, 진출을 요청하고 있다는 점도 긍정적이다. 그만큼 한국을 위협적이지 않은 안전한 협력파트너로 인식하고 있다는 것이다. 한국기업들이 중앙아 5개국을 러시아, EAEU, 중동진출의 거점으로 활용할 수 있다면 더 큰 기회가 될 수 있다.

위협요소는 민족, 국경선, 수자원 등으로 중앙아 5개국 사이의 갈등이 커질 수 있다는 점이다. 또한 조지아, 우크라이나 전쟁처럼 러시아의 제국주의적 야망이 언제든 중앙아 지역에 긴장을 조성할 수 있다는 점도 고려사항이다. 미·중·러 3각관계가 협력적이면 중앙아 5개국도 대외 협력의 기회와 선택폭이 넓어질 것이다. 그러나 강대국 간 대결구도가 격화될 경우 중앙아 5개국의 운신 폭이 줄어들 수 있다. 우크라이나 전쟁, 공급망 불안, 인플레 등으로 인한 세계경제 침체도 중앙아 5개국에 타격을 주고 있다. 또한 권위주의 정권의 장기집권으로 인한 국내정치 불안요소, 에너지·광물자원에 쏠린 경제구조, 관료주의, 부패, 불투명성, 경직된 비즈니스 문화 등도 한국 민간 기업 진출에 어려움을 주는 요소이다.

## 2. 한국, 중앙아 협력비전

### 민간교류 활성화를 위한 제도적, 금융적 인프라 구축

중앙아 5개국은 경제협력에는 적극적이지만 정치, 안보협력에는 매우 신중하고 소극적인 태도를 취한다. 이는 강대국에 둘러싸인 중앙아시아의 지정학적 한계 때문이다.[6] 한국은 이러한 중앙아 5개국 입장을 존중하면서 경제협력을 중심으로 밀도 있게 관계를 증진할 필요가 있다. 개별국가들과 양자협력도 중요하지만, 국제현안에 다자차원의 공동대응도 필요하다. 특히 미래 신산업, 신재생에너지, 기후변화 분야에서 한국과 중앙아 5개국이 중견국으로 국제사회를 선도하는 프로젝트를 추진한다면 세계평화와 번영에도 큰 기여를 할 수 있을 것이다.

무엇보다도 정부 차원에서 민간기업 진출과 투자 활성화를 위한 제도, 금융 인프라를 제공하는 것이 무엇보다도 중요하다. 특히 중소기업 진출을 가로막는 관세, 수출입, 투자제도, 현지정보 지원, 관료제, 부패문제 등을 해결해 줄 양국 정부 차원의 제도적 지원 장치가 절실하다. 또한 한·중앙아 공동펀드를 조성하여 중소기업들의 산업협력이 활성화 되도록 유도할 필요가 있다. 중소기업 입장에서 아무리 좋은 아이템을 가지고 협력하고 싶어도 자금부족, 현지 제도미비, 정보부족으로 실행할 수 없는 경우가 적지 않기 때문이다.

우선 선택과 집중을 통해 핵심협력 분야를 선정하고 지속적으로 추진함으로써 형식적인 MOU 체결에 머물고 있는 국가 간 협력을 내실화할 필요가 있다. 특히 한국이 당면한 가장 시급한 문제인 인구감소와 노동력문제 해결을 위해 중앙아 인재양성 프로그램을 개발하고 보다 개방적인 비자제도를 운영할 필요가 있다. 다행이 중앙아 젊은이들이 취업, 유학 대상지역으로 한국을 선호하고 있는 만큼 이 기회를 놓치지 말고 선도적으로 인적교류 지원시스템을 구축할 필요가 있다. 중앙아 한인들에 대한 지원체계와 조기 한국어교육이 필요하다. 다른 나라는 갖지 못하는 유라시아 대륙의 한민족네트워크를 활성화 하는 차원에서도 한인문제를 중요한 정책과제로 다룰 필요가 있다.

## 21세기 '유라시아협력네트워크' 제안

한국과 중앙아시아는 1991년 소련 붕괴와 함께 수교하여 지금까지 활발한 인적, 경제적, 문화적 교류를 이어오고 있다. 이제 양 지역은 지리적 거리감을 극복하고 중요한 협력파트너로 자리매김하고 있다. 국제사회에서 한국과 중앙아의 존재감은 꾸준히

성장해왔다. 한국은 세계 주요 경제 대국에서 이제 문화 대국으로 진화하고 있다. 중앙아 국가들도 유라시아를 잇는 물류 인프라의 거점이자 주요 중견국으로 입지를 강화하고 있다.

그러나 한국과 중앙아가 풀어야 할 당면과제도 산적해 있다. 세계화 시대가 가고 선택적 협력시대가 도래하고 있으며, 미·중 경쟁, 우크라이나 전쟁, 공급망 재편, 4차 산업혁명에 대비한 기술혁신, 제조업과 원자재 등 국제 가치사슬 재구축, 기후변화 등은 양 지역이 협력해 풀어 가면 더욱 효과적일 수 있다. 아울러 현재 인류의 생존권을 위협하는 기후변화, 전염병, 핵무기 확산 등 다양한 위기가 눈앞에 있다. 강대국들만으로 국제문제를 해결하기 어려운 시기 한국과 중앙아 5개국의 연대 필요성은 매우 절실하다.

한, 중앙아 5개국은 많은 역사 문화적 공통점과 오랜 교류역사, 유라시아 대륙의 세력 판도를 바꿀 수 있는 지정, 지경학적 가치를 공유하고 있다. 더욱이 미·중·러의 경쟁과 갈등이 고조되면서 21세기에 한, 중앙아 지역이 갖는 정치, 경제, 외교적 의미는 더욱 중요해지고 있다. 러시아의 조지아, 크림반도, 우크라이나 침공 이후 중앙아의 미래에도 불안감이 증가하고 있다. 동아시아에서는 대만을 둘러싼 미·중 대립이 첨예하며 한반도의 비핵화문제도 해결의 실마리를 찾지 못하고 있다. 한국과 중앙아가 보다 적극적으로 협력하여 중견국 리더십을 선도한다면 문제해결에 큰 도움이 될 것이다.

중견국 리더십 강화를 위해 1단계로 한-중앙아 협력포럼을 정상급 협의체로 승격시키고 회원국을 확대하여 일본, 몽골 등을 포함하는 가칭 '유라시아 8개국 정상회의'로 발전시키는 것을 적극 검토할 필요가 있다. 이미 한국-중앙아, 일본-중앙아 협의체가 있으니 두 모임을 통합하면 어렵지 않게 성사될 수 있다. 외교적 상상력과 아이디어만 있다면 재구성은 충분히 가능하다. 2단계로는 여기에 코카서스 3국, 튀르키예 등을 포함하여 중앙아 5개국+한국+일본+몽골 등 총 12개국을 연결하면 유라시아 대륙을 가로지르는 거대한 중견국 협력체가 탄생한다. 가칭 21세기 '유라시아 협력네트워크'는 패권야심이 없는 중견국들의 열린 협력체로 2년마다 정상회의를 개최한다. 여기서 경제협력, 4차 혁명과 미래 산업기술 공동연구, 글로벌 공급망과 가치사슬 구축, 기후, 전염병문제에 공동대응방안을 논의한다. 장기적으로는 회원국들의 시장통합을 목표로 할 때 결집력은 더 커질 수 있다. 주변 강대국이 주도하는 협의체에 예속을 우려하여 꺼리고 있는 작은 국가들도 안심하고 참여할 수 있을 것이다. 중기적으로는 남북관계 진정에 따라 북한이 참여하는 13개국으로 구성된다면 더욱 큰 시너지 효과를 낼 수 있을 것이다. 또한 아세안, EU와도 연대하는 방안을 생각해 볼 수 있다. 중간규모 국가들이 주도하는 다자협력체 창설은 한, 중앙아의 대외전략을 다원화하고 국제사회에서 중견국들의 발언권을 강화해줄 것이다. 미·중경쟁의 장기화, 나토·러시아의 대결, 다극체제의 불확실성 증대, 국제 분업과 공급망의 재편, 기후변화, 4차 산업혁명, 전염병 문제 등에 효과적으로 대응하기 위해서도 중견국들의 다자협력은 필요하다. 중견국들이 국제정세의 불확실성에 대응하는 효과적인 방안은 상대적으로 유연하고 다양한 협력채널을 구축하는 것이다. 주변 강대국에 대한 의존도를 줄이고 시장을 다원화 하는 것은 분산투자 효과도 가져올 수 있다. 한, 중앙아 협력포럼을 중앙아 역내 통합에도 도움을 주는 플랫폼으로 활용해 보는 것도 의미가 있을 것이다. 다자회의는 제도화가 되어야 협력의 지속성을 담보할 수 있다. 한, 중앙아 협력포럼을 발전적으로 확대시켜 국제기구화하는 21세기 '유라시아협력네트워크' 구축은 한국과 중앙아 다자

외교의 새로운 도전과 시험무대가 될 것이다.

## II장 결론

이미 주요 강대국의 위기 해결능력은 신뢰를 잃고 있다. 그들은 충분히 이기적이고 자기중심적이며 문제 해결을 위한 상상력과 아이디어도 한계를 드러내고 있다. 때문에 수평적이고 민주적인 국제질서와 세계평화로 나아가기 위해 패권주의로부터 자유로운 중견국의 역할이 중요해지고 있다. 특히 강대국의 간섭에서 벗어나 독자적인 발전과정을 걷고자 하는 중앙아 5개국에게 한국은 중요한 파트너이다. 이 시점에서 한국과 중앙아 5개국이 과거 '유라시아 다문명사회'의 의미를 다시 생각해 볼 필요가 있다. 다양한 요소들이 차별 없이 상호 공존하는 세상은 인류가 나아가야 할 방향이기도 하다. 다양성이 공존하는 세계만이 복잡한 문제를 해결하기 위한 창의적인 아이디어를 제공할 수 있다. 강대국의 자기중심적 패권주의는 이제 낡은 시대의 유물이 되어가고 있다. 새로운 상상력으로 다양성을 존중하는 중견국의 리더십이 필요한 시대이다. 한국과 중앙아가 '유라시아 다문명사회'를 계승하여 중견국들의 협력체인 21세기 '유라시아협력네트워크' 구축을 함께 주도해 보는 것은 어떨까?

1) 카자흐스탄 외교부 (2021), “Қазақстан Республикасы мен Корея Республикасы арасындағы қатынастар”, https://www.gov.kz/memleket/entities/mfa/press/article/details/453?lang=kk (검색일: 2022. 05. 10).

2) 카자흐스탄 외교부 (2021)

3) 나용우 외, “신남방정책·신북방정책 추진전략과 정책과제,” 「KINU 연구총서」 20-14 (2020), p. 91.

4) 정기웅, “노태우 정부 이후 역대 정부의 북방정책: 통일정책에서 국가전략으로,” 『국제지역연구』제25권 제1호 (2021), p. 249.

5) 김덕주, “소다자주의 협력을 통한 신북방정책 추진에 관한 연구,” 「정책연구시리즈」 2018-05 (2018), pp. 4-5.

6) The Oxus Society (2020), “Introducing the Central Asia Migration Tracker,” https://oxussociety.org/introducing-the-central-asia-migration-tracker, (검색일: 2022. 05. 10).

# 5부

# 중앙아 5개국의 미래

미래를 열어갈 방향

마지막으로 5부는 중앙아 5개국이 당면한 과제는 무엇이며 미래 전망은 어떠한가? 에 대해 설명하고자 한다. 중앙아 국가들이 현재 직면한 과제에 어떻게 대응하느냐에 따라 미래가 달라질 것이다. 주요 변수는 권위주의체제, 빈부격차와 부패, 산업구조 다각화, 기후변화, 역내통합, 대외환경, 중·러 권위주의 영향 등이다. 무엇보다도 중앙아 5개국이 내부를 혁신하고 외부위협에 잘 대응하면서 위기를 극복하려면 과거 '유라시아 다문명사회' 정신을 복원하는 것이 필요하다.

# I. 극복해야 할 7가지 당면과제

## 권위주의체제

아무리 권력에 순응적인 중앙아인들이라고 해도 특정세력의 오랜 장기집권과 세습에 대한 피로감이 누적될 수밖에 없다. 특히 젊은 세대들은 부모 세대와는 달리 정부에 대한 불만을 표출하고 있다. 2022년 카자흐스탄과 우즈베키스탄에서 발생한 주민들의 시위는 잠복된 불만이 언제든 표면화 할 수 있음을 보여주었다. 겉으로는 안정되어 보이지만 정부에 대한 실망감과 분노가 휴화산처럼 내재해 있는 것이다. 권위주의의 가장 심각한 폐해는 부패와 빈부격차, 관료주의가 국가의 정상적인 작동과 국민들의 창의적 능동성을 가로막는다는 점이다. 강력한 국가주도 경제성장이 어느 단계까지는 성과를 보이지만 중장기적인 국가경쟁력으로 연결되기는 어렵다. 과거 스탈린식 권위주의 체제를 지속했던 소련의 경쟁력 하락과 소멸이 대표적이다. 권위주의 체제인 중국 역시 경제영역에서 과감한 규제해제와 자유를 허용하면서 기술발전과 경제 성장이 가능할 수 있었다. 그러나 시진핑 집권 이후 권위주의가 강화되면서 국가운영이 다시 경직성을 보이고 있다. 중앙아 국가들 역시 가부장적 권위주의 체제를 유지하면서 국가

경쟁력을 강화하기는 쉽지 않다. 머리(정치)가 굳어있는데 새로운 생각(경제, 신산업)이 능동적으로 떠오르기 어렵기 때문이다. 더욱이 견제되지 않는 권력의 장기집권은 사회의 활력과 창의성을 가로막을 것이다. 이는 곧 국가경쟁력의 하락으로 이어져 국가발전을 정체시킬 가능성이 높다.

### 빈부격차와 부패

빈부격차와 빈곤 문제는 국내정치 안정은 물론 국민통합을 위해서도 꼭 해결해야 할 과제이다. 중앙아 일부 국가에서 시행하는 사회취약계층 보호를 위한 공적 서비스 확대, 사회안전망 확충도 중요하지만, 부가 소수계층에 집중되는 불평등구조와 부패를 바로잡지 않으면 사회불안은 고조될 것이다. 외국인 투자유치와 산업다각화를 위해서도 이 문제를 해결해야 한다. 그러나 자원 수출의 수익이 소수에게 집중되는 국가시스템과 관료주의에 대한 개혁이 없는 한 근본적인 해결이 어려울 수 있다.

### 산업구조 다각화

주요 에너지 자원(석유, 천연가스) 고갈 이후를 대비한 산업다각화 성공여부도 중앙아 미래를 좌우할 주요 변수이다. 일부 중앙아 국가에서 자원수출을 바탕으로 경제는 성장했지만 에너지 자원에 편중된 산업구조, 제조업과 미래 산업기반 구축 미비, 실업 등은 여전히 과제로 남아있다. 축복이자 한계이기도 한 풍부한 에너지·광물자원은 중앙아의 주요 경제수입원이지만 산업다각화에 부정적인 요인이기도 하다. 일부 자원 부국들처럼 석유가스를 수출해 번 수익에 안주하다 보니 신산업 발전기반이 개선되지 않는 것이다. 물론 국가별로 이를 위해 노력은 하고 있지만, 아직 뚜렷한 성과가 나타나지 않고 있다. 과거 문명융합의 주역이었던 중앙아가 21세기에도 새로운 기술과 문화를 창조하고 전파하는 허브가 되려면 과감한 혁신이 필요하다.

### 기후변화 위기

기후변화와 환경문제는 지구와 인류의 존재론적 문제이며 이미 불안한 징후들이 세계 곳곳에서 나타나고 있다. 중앙아는 이상기후, 환경파괴, 물 부족, 수질오염 등에 노출되어 있다. 또한 겨울 난방과 노후차량의 배기가스로 알마티, 타슈켄트 등 주요도시의 공기 오염과 쓰레기 처리 문제가 심각한 수준이다. 지구 온난화로 인한 기후변화는 중앙아 스텝 지역을 경작과 목축업이 불가능한 불모지대로 바꾸고 만성적인 물 부족문제를 더욱 악화시켜 국가 간 갈등을 격화시킬 수도 있다. 중앙아 하천의 수원 역할을 해 주던 산간지방의 빙하가 온난화로 녹고 있는 점도 심각하다. 아랄해는 이미 바다로서의 기능을 잃고 사막화되어가고 있다. 중앙아 국가들이 공동으로 기후변화, 환경문제, 수자원 이용에 관한 포괄적인 대책을 수립하고 실천할 필요가 있다.

### 역내 통합

중앙아 역내 국경분쟁, 수자원 공유문제, 국가 간 알력 등 갈등요인을 어떻게 해소하고 협력의 틀을 만들 것인가가 주요 관건이다. 카자흐스탄, 투르크메니스탄은 석유-가스 자원을 기반으로 1990년대 말부터 급속한 경제 성장을 이루었다. 역내 가장 많은 인구가 사는 우즈베키스탄도 2008년 이후 꾸준한 성장세를 보이고 있다. 반면, 자원 빈국인 키르기스스탄, 타지키스탄은 저개발 빈곤 상태에 머물고 있어 격차가 벌어지고 있다. 이로 인해 국가 간 빈부격차도 역내 통합을 가로막고 있다. 특히 상대적으로 규모가 작고 경제가 어려운 국가들은 덩치 큰 국가들에 종속을 우려하여 통합에 소극적이다. 그래서 규모가 작은 국가들이 안심하고 통합에 나설 수 있도록 수평적인 국가관계와 주권존중에 대한 확실한 보장시스템이 필요하다. 또한 카자흐스탄과 우즈베키스탄의 역내 주도권경쟁도 동등한 협력 메커니즘으로 전환되어야 한다. 분열을 극복하기 위해서는 유목문화의 개방성과 유연성을 회복할 필요가 있다. 만약 중앙아 단일시장이 탄생한다면 유라시아 대륙의 새로운 강자로 독자적인 발전을 기대할 수 있을 것이다.

### 대외관계

푸틴은 카자흐스탄을 앞세워 EAEU를 강력하게 추진해왔다. 중앙아를 자국중심의 시장공동체로 통합하고자 하는 것이다. 그래서 러시아에 종속될 것을 우려하는 투르크메니스탄, 우즈베키스탄, 타지키스탄은 참여를 주저해왔다. 중국이 의욕적으로 추진중인 일대일로도 중앙아를 지나가야만 완성될 수 있다. 중국도 중앙아가 중요한 것이다. 이는 중·러의 이해가 중앙아에서 충돌할 수 있음을 의미한다. 만약 중앙아에서 중국의 영향력이 전통적인 기득권을 가진 러시아를 추월하게 된다면 양국의 밀월관계는 위기를 맞을 수 있다. 언어, 민족적으로 연고를 가진 튀르키예도 중앙아를 같은 투르크계 형제로 보고 연결성을 복원하고 싶어 한다. 이슬람 극단주의와 아프가니스탄 테러단체들도 중앙아와 지리적으로 인접해 있다. 그러나 미국은 중앙아가 어느 특정국가나 세력권으로 편입되지 않고 독립을 유지하면서 완충지대로 남아있기를 원하고 있다. 미국, 중국, 러시아, 중동국가들의 서로 다른 세계전략이 중첩되는 중앙아의 대외 환경은 그만큼 복잡하다. 중앙아 국가들이 러시아의 우크라이나 침공에 민감할 수밖에 없는 이유도 여기에 있다. 또한 국가보다는 부족이나 지역에 대한 충성심이 강한 중앙아의 오랜 전통이 내부 엘리트의 갈등과 결합될 경우 분열로 이어질 수도 있다. 외부세력이 중앙아를 분할하여 지배하려 할 경우 이러한 내부 파벌과 알력을 이용하려 들 것이다. 현재까지는 중앙아 국가들이 비교적 능숙한 등거리외교로 잘 대응해 왔다. 그러나 과거 초원의 역사처럼 대외관계는 여전히 중앙아의 최대 변수가 될 수밖에 없다.

### 중·러 권위주의 영향

미국이 주도하던 세계화시대가 미중경쟁과 우크라이나 전쟁으로 막을 내리고 있다는 평가다.[1] 적은 비용으로 높은 효율을 추구하던 국제 분업과 글로벌 공급망도 흔들리면서 혼란을 겪고 있다. 미국은 중·러의 도전을 자유민주주의세계에 대한 권위주의 세력의 위협으로 간주한다. 단지 군사, 안보, 경제적 도전이 아니라 근본적인 가치의 도전으로 보고 있는것이다. 서방전문가들은 중국이 패권국이 된다면 시장의 자유와 민주주의는 사라질 것이라고 우려한다. 중국은 주변 약소국에 내정간섭을 하지 않는 대신 과거처럼 조공체제로 패권을 유지할 것이라는 전망이다.[2] 러·중 지도자들은 서구의 자유민주주의 확산이 자신들의 권위주의 체제를 위협한다고 경계한다. 특히 러시아는 주변 국가들에서 일어나는 민주화 시위를 저지하고 권위주의 정권을 보호해주는 데 적극적이다. 중국과 러시아의 신권위주의는 개인의 자유보다는 국가 중심주의, 민주주의보다는 중앙집권적 통제를 우선한다. 일각에서는 중국의 부상으로 패권국이 바뀔 경우 권위주의, 국가중심주의 이념이 서구적 가치와 규범을 대체할 가능성이 있다고 전망하기도 한다. 그러나 중국, 러시아식 권위주의는 국제사회에서 폭넓은 지지를 얻기 힘들다.[3]

중국과 러시아 권위주의를 누구보다도 경계하는 나라는 미국과 서방이다. 서방의 우려는 2022년 6월 스페인에서 열린 나토 정상회의 선언문에도 잘 나타나 있다.4) 나토 정상들은 국제법에 근거한 자유주의 국제질서를 지킬 것을 선언하면서 러시아와 중국을 침략자와 조직적 도전자로 규정했다. 또한 나토는 중·러의 전략적 협력을 우려하고 이들을 억제하는 것을 핵심과제로 설정했다. 서방국가들이 단결하여 중국과 러시아의 도전을 억제하겠다는 의지를 나타낸 것이다. 만약 서방과 중·러의 이념과 가치대결이 격화될 경우, 중앙아5개국도 직접적인 영향을 받게 될 것이다. 중·러 권위주의 영향이 강한 중앙아에서 민주주의 발전이나 보다 개방된 사회로 나아가는 것이 상대적으로 어려워질 수도 있다. 물론 이러한 상황이 권위주의 통치자들의 정권 안보에 불리하지만은 않다는 점이 문제이다.

### I장 결론

중·러는 중앙아 권위주의 체제를 지지하고 보호한다.5) 중앙아 일부 집권자들도 자신들의 정권 유지를 위해 중·러를 든든한 보호자로 인식하고 있다. 몇몇 나라들은 국내 시위나 정권 안보가 불안해지면 러시아에 군사적 보호를 요청하기도 한다. 서구식 자유민주주의보다 자신들의 권위주의 체제가 국가발전에 보다 효율적이라고 생각하는 중·러는 중앙아 국가들과 권위주의 연대 관계를 맺고 있다. 그러나 중·러의 후원은 공짜가 아니다. 중·러는 중앙아 권위주의 정권을 보호해주는 대가로 충성과 예속을 요구할 것이다. 유사시 중앙아 통치자들은 강대국 예속과 자신의 정권 유지 중에서 선택을 강요받을 수 있다. 주권과 정책적 자율성을 일부 강대국에 위임하면 대신 정권을 보호해주겠다는 암묵적 거래가 현실화될 수 있다.

1) 대니 로드릭 (2022), “초세계화 종말 이후 ‘더 나은 세계화’가 태동할까”, http://economychosun.com/client/news/view.php?boardName=C06&t_num=13612782, (검색일: 2022. 07. 29).

2) 대니 로드릭 (2010), “중국은 세계를 지배할 것인가”. https://www.hani.co.kr/arti/PRINT/401212.html, (검색일: 2022. 07. 29).

3) 조평규 (2022), “중국이 세계적 패권 국가가 되기 어려운 이유”, https://www.hankyung.com/thepen/moneyist/article/202202037609Q, (검색일: 2022. 07. 29).

4) FACT SHEET: The 2022 NATO Summit in Madrid https://www.whitehouse.gov/briefing-room/statements-releases/2022/06/29/fact-sheet-the-2022-nato-summit-in-madrid/, (검색일: 2022. 07. 29).

5) Sebastien Peyrouse, “Caught Between Two Big Powers? Central Asia Under the Weight of Russian and Chinese Influence,” The Asan Forum, (16 December 2016).

# II. '21세기 유라시아 다문명사회' 복원을 향하여

### 내부모순 혁신과 대외변수 극복

중앙아 미래는 앞서 언급한 7가지 요소를 어떻게 극복하느냐에 따라 달라질 것이다. 먼저 내부 모순을 극복하고 국가혁신에 성공하느냐의 여부가 가장 중요하다. 권위주의 체제, 빈부격차와 부패, 비효율적인 관료제 등을 개혁하고 국민의 일자리와 생활여건을 개선할 수 있어야 보다 안정적인 미래를 기대할 수 있다. 특히 민간의 역동성과 창의성이 없이는 산업 다각화와 신산업 육성도 어렵다. 이를 위해 국민들이 보다 자유롭게 자신의 삶을 개선하기 위한 도전에 나설 수 있도록 유연하고 개방적인 사회 분위기를 만들어 줄 필요가 있다.

카자흐스탄과 우즈베키스탄은 일부 영역에서 변화를 시도하고 있다. 이들 나라에서 전임대통령의 상왕(上王)정치와 현 대통령의 임기를 제한하거나 사회적 통제를 완화하려는 움직임이 나타나고 있다. 특히 소련전체주의 통치에 익숙했던 세대들보다는 자본주의 체제에서 태어난 세대들이 다수를 차지하면서 보다 개선된 삶에 대한 요구는 증대하고 있다. 이에 부응하지 못하면 정권을 잃을 수도 있다는 위기감이 몇몇 국가에서 감지되고 있다.

중앙아 국가들의 가장 중요한 대외적 목표는 중·러 어느 쪽에도 예속되지 않고 독립을 유지하며 발전하는 것이다. 그러나 푸틴과 시진핑의 생각은 매우 다르다. 이들은 중앙아를 자국의 세력권에 좀 더 가까이 편입시키려 한다. 중앙아 국가들과 주변 강대국의 이러한 차이는 언제든 역내긴장을 고조시킬 수 있다. 때문에 주변 강대국과 협력하면서도 종속되지 않는 관계설정이 중요하다. 5개국이 역내 갈등을 해소하고 EU처럼 협력한다면 독자적인 발전 가능성은 물론 대외변수에 보다 유연하게 대응할 수 있을 것이다. 러시아의 권위주의 정권보호는 분명 대가가 따른다는 것을 벨라루스가 잘 보여주고 있다. 러시아는 벨라루스 시민들의 시위가 발생하자 군대를 파병하여 루카셴코 대통령은 보호해 준 대가로 우크라이나 침공 시 영토사용은 물론 전쟁에 참여하도록 요구한 것으로 알려져 있다. 러시아의 후원을 받고 있는 일부 중앙아 권위주의 정권들도 지불해야 할 대가가 커질 수 있다.

최고의 밀월을 자랑하는 중·러도 중앙아에서는 본질적인 경쟁관계이다. 각자의 패권을 추구하는 양국의 이해관계는 궁극적으로 일치하기 어렵다. 만약 중·러의 이해충돌이 발생한다면 중앙아 5개국에서 벌어질 가능성이 높다. 중·러 관계가 경쟁이나 갈등으로 돌아선다면 중앙아 국가들이 희생양이 될 수 있다. 특히 중국이 성장하면서 러시아의 초조감이 증폭될수록 이러한 위험성은 증가할 것이다.

### 유목문명의 지혜에서 해답을 찾아야

결국 중앙아 국가들은 당면과제에 대한 해답을 과거 그들의 선조들이 탄생시켰던 '유라시아 다문명사회'의 전통과 지혜에서 찾아야 한다. 7가지 변수에 효과적으로 대응하려면 먼저 국내 정치세력은 물론 중앙아 역내 국가들이 각자의 영역을 존중하고 공존하면서 협력과 통합을 이루어내어야 한다. 이를 위해 권력도 이권도 독점하기보다는 나누어야 한다. 과거 개방된 초원을 함께 공유했던 유목민들처럼 말이다. 무엇보다도 초원 유목 문명의 개방적 포용성과 유연한 사고가 갖는 힘이 무엇이었는지를 현대적으로 재해석할 필요가 있다. 러시아, 청나라 등 제국의 식민지배에 들어가면서 형성된 경계들을 허물고 초원의 관대함과 차별 없는 공존을 회복해야 한다.

민족, 지역, 종교, 사상의 경계를 초월한 문명융합의 정신을 복원해서 경직된 국내정치, 경제구조에 활력을 불어넣어야 한다. 또한 하나였던 중앙아 초원의 통합성을 복원하여, 분리된 5개국의 역내 협력을 추구해야 한다.

21세기 들어 중앙아는 다시 유라시아 대륙을 연결하는 육로 인프라 건설의 중심지로 부각되고 있다. 중앙아 5개국은 북쪽으로는 러시아와 시베리아, 동쪽으로는 중국, 서쪽으로는 코카서스와 튀르키예를 거쳐 유럽, 남쪽으로는 이란, 아프가니스탄, 파키스탄, 인도와 연결된다. 중앙아는 지구상에서 가장 많은 인구들이 밀집한 지역의 한 가운데에 위치하고 있으며 다양한 지역으로 갈 수 있는 통로이다. 가장 큰 시장에 인접해 있다는 것은 중앙아의 우월한 잠재력이다. 그래서 이중의 내륙국가라는 지리적 조건은 한계인 동시에 기회이기도 하다. 바다에 비해 이동이 수월한 초원의 육로를 통해 여러 지역과 연결될 수 있기 때문이다. 카자흐스탄은 독립 이후 다양한 국제협력 벨트를 구축해 왔다. 최근 들어 우즈베키스탄도 실크로드 경제 회랑과 무역플랫폼 구축을 제안하고 있다. 고대시대부터 국제 교역망을 주도했던 소그드인들의 후손다운 발상이다. 일부 정치개혁의 움직임도 나타나고 있고 역내 통합도 논의되기 시작했다. 무엇보다도 역동적인 젊은 인구비율은 중앙아의 훌륭한 미래 자산이다.

### II장 결론

중앙아의 미래는 국민들의 창의성과 역동성을 되살려 신산업 등 다양한 분야에서 일자리를 창출하고 국가경쟁력을 끌어올릴 수 있느냐에 달려있다. 이를 위해 중앙아 국가들은 내부 혁신을 통해 사회적 불평등과 빈부격차, 소수에 의한 권력과 부의 독점을 개선해야 한다. 과거 역동적으로 다양한 문명을 접하고 다시 융합해서 새로운 것을 만들어냈던 '유라시아 다문명사회'의 창의성과 에너지를 회복해야 하는 것이다. 중앙아 국가들의 내부 경쟁력이 강화되어야만 강대국의 예속에서도 벗어날 수 있다. 더 나아가 실크로드 상인의 친화성과 유연성을 재현할 수 있어야만 중앙아시아가 유라시아 국제무역의 중심지로 재도약할 할 수 있다. 결국 중앙아 국가들은 7가지 당면과제를 극복하는 방법을 초원문명이 주는 교훈에서 찾아야 할 것이다.

# 에필로그 :
## 미래를 어떻게 준비할 것인가.

**다양성의 공존 가능성을 보여준 '유라시아 다문명사회'**

어느 지역이든 문화란 서로 영향을 주고받으며 발전한다.중앙아 초원은 이러한 문화소통이 가장 활발했던 공간이었다. 유목민들은 민족, 지역, 종교, 사상의 차이를 배척하지 않고 수용, 공존하면서 융합, 재창조되는 초원의 공간을 만들었다. 초원의 '유라시아 다문명사회'는 다양성을 가진 인류가 어떻게 함께 공존할 수 있는지를 보여주었다. 인류는 초원을 통해 서로를 알아가면서 상호 이해의 폭과 세계관을 확장할 수 있었다. 초원이 만들어 왔던 포용과 융합의 세계는 혐오와 차별, 이기적 민족주의와 자국중심주의가 지배적인 현대 국제사회에 강렬한 영감과 상상력을 주기에 충분하다.

차별과 혐오가 양산되고 이기적 이익이 우선하는 21세기 현대사회에서 '유라시아 다문명사회'가 주는 의미는 크다. 개방적이고 유연한 생각으로 상대를 인정하고 공존하는 것만이우리가 평화로 갈 수 있는 근본적인 방법이기 때문이다. 또한 지구상의 모든 갈등 해결방안은 서로 다른 요소와 이해관계를 존중하고 공존하는 것에서 찾을 수밖에 없기 때문이기도 하다.

유라시아 육로물류망의 복원으로 남북관계만 개선된다면 한국인이 서울, 부산, 목포에서 기차를 타고 중앙아와 터키를 거쳐 지중해로 여행 갈 시대가 다가오고 있다. 중앙아 초원이 열리면서 대륙을 가로지르는 다양한 만남이 다시 활성화될 것이다. 육로여행은 다양한 풍경, 사람, 문화를 만나는 여정이다. 비행기 안에만 머물다가 목적지에 내리는 항공여행과는 본질적으로 다르다. 유라시아 육로 교류가 활성화 되면 시베리아, 중앙아 초원의 기차역과 도시들에서 우리는 과거 다양한 요소가 공존하던 '유라시아 다문명사회'의 모습을 흐릿하게나마 목격하게 될 것이다.

우크라이나 전쟁은 강대국이 약소국을 폭력으로 제압하거나 일방적으로 자신의 이익을 관철하는 것이 더 이상 쉽지 않음을 보여주고 있다. 이제 이해관계의 불일치를 폭력과 전쟁으로 해결하기 어려운 시대이다. 다양한 존재들이 상호 존중하며 공존하는 세상 말고는 또 다른 대안을 찾기도 어렵다. 이것이 중앙아 초원이 창조했던 '유라시아 다문명사회'가 21세기 우리에게 주는 교훈이다.

## 한국과 중앙아의 협력네트워크 복원 필요성

기원전부터 한국과 중앙아 초원은 문명적으로 항상 연결되어 있었다. 한인들의 험난한 이주역사 역시 양 지역을 연결하는 중요한 역사로 우리가 잊어서는 안 될 부분이다. 중앙아 한인들의 모국 방문도 증가하고 있다. 중앙아 젊은이들도 한국으로 모여들고 있다. 모두가 소중한 동포들이고 이웃이다. 한국 사회는 이들과 함께 당면한 위기를 뛰어넘을 방법을 찾아야 한다. 현재 한국은 다양성이 공존하는 다문화사회로 이동하고 있다. 당면한 인구

감소와 노동력 부족문제도 한국사회가 다문화사회로 전환하도록 요구하고 있다. 다양한 존재들이 모일수록 새로운 아이디어와 창의성은 더욱 활성화될 것이다. 문제는 우리 사회가 서로 다른 이질적인 요소를 받아들일 개방성과 유연성을 가지고 있느냐이다.

### '선택적 협력시대'와 '21세기 유라시아협력네트워크'

강대국들의 갈등이 격화되면서 세계화 시대가 종말을 고하고 신냉전이 다시 시작될 것이라는 전망들이 일부에서 나오고 있다. 그러나 인류가 다시 2개의 진영으로 단절되는 과거로 되돌아가기는 어려울 것이라는 생각이다. 경쟁하는 강대국들도 서로 분리되면 손해가 크다는 것을 잘 알고 있다. 그래서 다가올 시대는 신냉전보다는 경쟁과 협력을 병행해야만 하는 '선택적 협력시대'가 될 가능성이 높다. 그러나 다가올 선택의 시대는 적군과 아군이 분명했던 냉전 시기보다 더 어려운 시간이 될 것이다. 매 순간 사안별로 협력과 경쟁을 선택해야 할 수도 있기 때문이다. 세계화 시대처럼 많은 부분을 시장이 결정해주기도 어려울 것이다. 한국과 중앙아 모두 이런 불확실성의 시대를 살아갈 자기철학과 방향성이 필요하다. 판단의 기준이 되는 지향점이 없다면 선택적 협력시대는 악몽이 될 수도 있다. 이런 혼란기에 한국과 중앙아 5개국처럼 패권 야심이 없는 중견국들의 연대는 좋은 협력모델이 될 수 있다. 중견국들이 주도하여 갈등과 차별보다는 모두가 평화롭게 공존하는 국제협력을 제도화하여 각국의 의미 있는 지향점이 되도록 노력해야 한다.

강대국의 자기중심적 패권주의는 이제 낡은 시대의 유물이 되어가고 있다. 반면 중견국의 국력과 영향력은 과거에 비해 급속하게 신장되고 있다. 몇몇 강대국이 끌고 갈 수 없을 만큼 국제사회는 다원화되고 있다. 이제 새로운 상상력을 가지고 다양성을 존중하는 중견국의 리더십이 필요한 시대이다. 한국과 중앙아가 '유라시아 다문명사회'를 계승하여 대륙을 가로지르는 21세기 '유라시아협력 네트워크'를 구축해 보는 것은 우리가 위기를 극복하는데 새로운 기회가 될 수 있다.

# 색 인

## ㅇ

ㅈ



ㅊ



ㅋ



ㅌ

ㅍ



ㅎ